改正 公職選挙法の手引

令和3年版

もくじ

第1章　政見放送における持込みビデオ方式の導入

■平成30年法律第65号（平成30年6月27日公布、平成30年12月25日施行）

［1］改正の概要 ……………………………………………………… 11
(1) 持込みビデオ方式の導入関係 ………………………………… 11
(2) 持込みビデオ方式による政見放送の公営関係 ……………… 12
(3) 持込みビデオ方式を選択することができる候補者の確認方法
　　関係 ………………………………………………………………… 14
(4) 政見放送に関する手話通訳者への報酬の支給 ……………… 23
(5) 参議院選挙区選出議員の選挙の政見放送におけるスタジオ
　　録画方式関係 …………………………………………………… 24

［2］背景、成立に至る経緯 ……………………………………… 30
(1) 参議院選挙区選出議員の選挙の政見放送 …………………… 30
(2) 法案提出の経緯 ………………………………………………… 31
(3) 国会における審議経過等 ……………………………………… 32

第2章　参議院議員選挙制度の改正　（較差の縮小、特定枠制度の導入）

■平成30年法律第75号（平成30年7月25日公布、平成30年10月25日施行）

［1］改正の概要 ……………………………………………………… 38
1. 参議院選挙区選挙における較差の縮小関係 ………………… 38
2. 参議院比例代表選挙における特定枠制度の導入関係 ……… 39
(1) 立候補の届出等 ………………………………………………… 39
(2) 投開票 …………………………………………………………… 41
(3) 当選人の決定 …………………………………………………… 46

(4) 選挙運動 ··· 50

(5) 選挙運動に関する収支等 ··························· 64

(6) 政治活動の態様 ······································ 65

(7) 争訟 ·· 66

(8) 罰則 ·· 67

(9) 再立候補の場合の特例 ··························· 71

[2] 背景、成立に至る経緯 ································· 74

1. 平成27年改正法附則 ································· 74

2. 選挙制度に関する専門委員会における検討等 ····················· 76

(1) 選挙制度に関する専門委員会の設置 ··············· 76

(2) 平成29年9月27日最高裁判決 ·················· 76

(3) 最高裁判決後から専門委員会報告書提出までの動き ··········· 78

3. 改正法提出までの経緯 ······························ 82

(1) 協議会における議論 ······························· 82

(2) 各会派による公職選挙法改正案の提出 ··············· 82

4. 国会における審議経過等 ···························· 84

(1) 参議院での審議経過 ······························· 84

(2) 衆議院での審議経過 ······························· 86

(3) 審議の概要 ·· 86

(4) 定数増加への参議院の対応 ························· 94

第3章　投票環境向上方策による改正（投票管理者等の選任要件の緩和、天災等の場合における開票区の分割、選挙公報の掲載文の電子データによる提出等）

■令和元年法律第1号（令和元年5月15日公布、令和元年6月1日施行）

[1] 改正の概要 ··· 96

1. 投票管理者及び投票立会人の選任要件の緩和等 ················ 96

   （1）投票管理者の選任要件の緩和 ················· 96
   （2）投票管理者の交替制の導入 ················· 97
   （3）投票立会人の選任要件の緩和 ··············· 101

  2. 天災等の場合における開票区の分割等 ········· 105
   （1）分割開票区等の設置と開票立会人の選任手続の整備 ······· 105
   （2）開票立会人の選任要件の規定の整備 ·········· 108
   （3）既に届出のされている開票立会人の取扱い ········· 111
   （4）分割開票区が設けられた場合における指定投票区の取扱い ·· 113

  3. 選挙公報の掲載文の電子データによる提出 ·········· 116
   （1）掲載文の申請 ·························· 116
   （2）選挙公報の発行手続 ····················· 118

［2］背景、成立に至る経緯 ····················· 123
  1. 投票環境の向上方策等に関する研究会 ············ 123
  2. 国会審議の状況 ························· 125

第4章　地方議会議員選挙の立候補届に関する見直し

■令和2年法律第41号（令和2年6月10日公布、令和2年9月10日
　施行）

［1］改正の概要 ···························· 128
  （1）宣誓書の宣誓内容に「住所要件」を追加 ·········· 129
  （2）罰則 ······························· 131

［2］背景、成立に至る経緯 ····················· 131
  （1）被選挙権のない者の立候補 ················· 131
  （2）平成31年統一地方選挙 ··················· 134
  （3）令和元年地方分権改革 ··················· 136
  （4）国会審議の経過 ······················· 138

第5章　町村の選挙における公営の拡大等

■令和2年法律第45号（令和2年6月12日公布、令和2年12月12日施行）

[1] 改正の概要 ·· 142

　1. 町村の議会議員選挙における供託金制度の導入 ············· 142

　　（1）供託 ··· 142

　　（2）供託物の没収 ·· 143

　2. 町村の議会議員選挙におけるビラ頒布の解禁 ··············· 144

　3. 町村の議会議員及び長の選挙における選挙公営の拡大 ········ 146

　　（1）選挙運動用自動車の使用 ·································· 146

　　（2）選挙運動用ビラの作成 ··································· 148

　　（3）選挙運動用ポスターの作成 ······························ 148

[2] 背景、成立に至る経緯 ································· 149

　1. 供託金制度導入の経緯 ································· 149

　2. 地方選挙における選挙公営の拡大の経緯 ·················· 150

　　（1）都道府県及び市の選挙における選挙運動用自動車の使用及び
　　　　ポスターの作成 ·· 150

　　（2）都道府県知事及び市町村長の選挙におけるビラの頒布解禁 ···· 151

　　（3）都道府県及び市の議会議員選挙におけるビラの頒布解禁 ···· 152

　3. 全国町村議会議長会及び全国町村会の要望 ················· 153

　4. 法律案の提出 ·· 155

第6章　Q&A集

　1. 政見放送における持込みビデオ方式の導入 ················· 158

　2. 参議院議員選挙制度の改正 ····························· 162

3. 投票環境向上方策による改正 ………………………………… 169

　［投票管理者及び投票立会人の選任要件の緩和］………… 169

　［天災等の場合における開票区の分割］…………………… 172

　［選挙公報の掲載文の電子データによる提出］…………… 177

4. 地方議会議員選挙の立候補届に関する見直し ……………… 181

5. 町村の選挙における公営の拡大等 …………………………… 186

─────── 凡　例 ───────

●法令名については以下の略称を用いています

　　法……公職選挙法（昭和25年法律第100号）

　　令……公職選挙法施行令（昭和25年政令第89号）

　　則……公職選挙法施行規則（昭和25年総理府令第13号）

　　規程…政見放送及び経歴放送実施規程（平成6年自治省告示第165号）

第1章

政見放送における
持込みビデオ方式の導入

■平成30年法律第65号（平成30年6月27日公布、平成30年
　12月25日施行）

参議院選挙区選挙の政見放送における持込みビデオ方式の導入

第百五十条　衆議院（小選挙区選出）議員又は参議院（選挙区選出）
　議員の選挙においては、それぞれ候補者届出政党又は参議院（選挙
　区選出）議員の候補者は、政令で定めるところにより、選挙運動の
　期間中日本放送協会及び基幹放送事業者（放送法（昭和二十五年法
　律第百三十二号）第二条第二十三号に規定する基幹放送事業者をい
　い、日本放送協会及び放送大学学園（放送大学学園法（平成十四年
　法律第百五十六号）第三条に規定する放送大学学園をいう。第
　百五十二条第一項において同じ。）を除く。以下同じ。）のラジオ放
　送又はテレビジョン放送（放送法第二条第十六号に規定する中波放
　送又は同条第十八号に規定するテレビジョン放送をいう。以下同
　じ。）の放送設備により、公益のため、その政見（衆議院小選挙区
　選出議員の選挙にあつては、当該候補者届出政党が届け出た候補者
　の紹介を含む。以下この項において同じ。）を無料で放送すること
　ができる。この場合において、日本放送協会及び基幹放送事業者は、
　その録音し若しくは録画した政見又は次に掲げるものが録音し若し
　くは録画した政見をそのまま放送しなければならない。
一　候補者届出政党
二　参議院（選挙区選出）議員の候補者のうち、次に掲げる者
　イ　第二百一条の四第二項の確認書の交付を受けた政党その他の
　　政治団体で次の（1）又は（2）に該当するものの同条第一項に
　　規定する推薦候補者
　　（1）　当該政党その他の政治団体に所属する衆議院議員又は参
　　　議院議員を五人以上有すること。

　　(2)　直近において行われた衆議院議員の総選挙における小選
　　　挙区選出議員の選挙若しくは比例代表選出議員の選挙又は参
　　　議院議員の通常選挙における比例代表選出議員の選挙若しく
　　　は選挙区選出議員の選挙における当該政党その他の政治団体
　　　の得票総数が当該選挙における有効投票の総数の百分の二以
　　　上であること。
　ロ　第二百一条の六第三項（第二百一条の七第二項において準用
　　　する場合を含む。）の確認書の交付を受けた政党その他の政治
　　　団体でイ（1）又は（2）に該当するものの第二百一条の四第一
　　　項に規定する所属候補者
2　前項各号に掲げるものは、政令で定めるところにより、政令で定
　める額の範囲内で、同項の政見の放送のための録音又は録画を無料
　ですることができる。
3　衆議院（比例代表選出）議員、参議院（比例代表選出）議員又は
　都道府県知事の選挙においては、それぞれ衆議院名簿届出政党等、
　参議院名簿届出政党等又は都道府県知事の候補者は、政令で定める
　ところにより、選挙運動の期間中日本放送協会及び基幹放送事業者
　のラジオ放送又はテレビジョン放送の放送設備により、公益のため、
　その政見（衆議院比例代表選出議員の選挙にあつては衆議院名簿登
　載者、参議院比例代表選出議員の選挙にあつては参議院名簿登載者
　の紹介を含む。以下この項において同じ。）を無料で放送すること
　ができる。この場合において、日本放送協会及び基幹放送事業者は、
　その政見を録音し又は録画し、これをそのまま放送しなければなら
　ない。
4　第一項の放送のうち衆議院（小選挙区選出）議員の選挙における
　候補者届出政党の放送に関しては、当該都道府県における届出候補
　者を有する全ての候補者届出政党に対して、同一放送設備を使用し、
　当該都道府県における当該候補者届出政党の届出候補者の数（十二
　人を超える場合においては、十二人とする。）に応じて政令で定め
　る時間数を与える等同等の利便を提供しなければならない。

5　第一項の放送のうち参議院（選挙区選出）議員の選挙における候補者の放送又は第三項の放送に関しては、それぞれの選挙ごとに当該選挙区（選挙区がないときは、その区域）の<u>全て</u>の公職の候補者<u>（衆議院比例代表選出議員の選挙にあつては衆議院名簿届出政党等、参議院比例代表選出議員の選挙にあつては参議院名簿届出政党等）</u>に対して、同一放送設備を使用し、同一時間数（衆議院比例代表選出議員の選挙にあつては当該選挙区における当該衆議院名簿届出政党等の衆議院名簿登載者の数、参議院比例代表選出議員の選挙にあつては参議院名簿登載者の数に応じて政令で定める時間数）を与える等同等の利便を提供しなければならない。

<u>6</u>　参議院（選挙区選出）議員の候補者のうち第一項第二号イ又はロに掲げる者は、政令で定めるところにより、その者に係る同号イ又はロに規定する政党その他の政治団体が同号イ（1）又は（2）に該当することを証する政令で定める文書を当該選挙に関する事務を管理する都道府県の選挙管理委員会（参議院合同選挙区選挙については、当該選挙に関する事務を管理する参議院合同選挙区選挙管理委員会）に提出しなければならない。ただし、当該選挙と同時に行われる参議院（比例代表選出）議員の選挙において、当該政党その他の政治団体が次に掲げる政党その他の政治団体である場合（政令で定める場合を除く。）は、この限りでない。

<u>一</u>　第八十六条の三第一項第一号又は第二号に該当する政党その他の政治団体として同項の規定による届出をした政党その他の政治団体

<u>二</u>　任期満了前九十日に当たる日から七日を経過する日までの間に第八十六条の七第一項の規定による届出をした政党その他の政治団体で同条第五項の規定による届出をしていないもの（同条第三項の規定により添えた文書の内容に異動がないものに限る。）

<u>7</u>　中央選挙管理会は、政令で定めるところにより、<u>前項各号に掲げる政党その他の政治団体に関し必要な事項</u>を、<u>当該参議院（比例代表選出）議員の選挙と同時に行われる参議院（選挙区選出）議員の</u>

選挙に関する事務を管理する都道府県の選挙管理委員会（参議院合同選挙区選挙については、参議院合同選挙区選挙管理委員会）に通知しなければならない。

8　第一項第二号イ（1）に規定する衆議院議員又は参議院議員の数及び同号イ（2）に規定する政党その他の政治団体の得票総数の算定に関し必要な事項は、政令で定める。

9　第一項から第五項までの放送の回数、日時その他放送に関し必要な事項は、総務大臣が日本放送協会及び基幹放送事業者と協議の上、定める。この場合において、衆議院（比例代表選出）議員の選挙における衆議院名簿届出政党等又は参議院（比例代表選出）議員の選挙における参議院名簿届出政党等の放送に関しては、その利便の提供について、特別の考慮が加えられなければならない。

[1] 改正の概要

・参議院選挙区選出議員の選挙における政見放送に持込みビデオ方式が導入され、選挙公営の対象に

（1）持込みビデオ方式の導入関係（法第150条第1項）

　法第150条第1項の改正により、参議院選挙区選出議員の選挙における政見放送については、従来どおり日本放送協会及び基幹放送事業者が録音し若しくは録画した政見を放送するいわゆるスタジオ録画方式に加えて、一定の要件を満たす候補者に対しては、その者が録音し若しくは録画した政見を放送するいわゆる持込みビデオ方式が認められるようになった。

【持込みビデオ方式を選択することができる候補者】

① 推薦団体（法第201条の 4 第 2 項の確認書の交付を受けた政党その他の政治団体）で次のア又はイに該当するものの推薦候補者

　ア．当該政党その他の政治団体に所属する衆議院議員又は参議院議員を 5 人以上有すること

　イ．直近において行われた衆議院議員の総選挙における小選挙区選出議員の選挙若しくは比例代表選出議員の選挙又は参議院議員の通常選挙における比例代表選出議員の選挙若しくは選挙区選出議員の選挙における当該政党その他の政治団体の得票総数が当該選挙における有効投票の総数の 2 ％以上であること

② 確認団体（法第201条の 6 第 3 項（第201条の 7 第 2 項において準用する場合を含む）の確認書の交付を受けた政党その他の政治団体）で①のア又はイに該当するものの所属候補者

（2）持込みビデオ方式による政見放送の公営関係（法第150条第 2 項、令第111条の 5 第 1 項から第 3 項）

　法第150条第 2 項の改正により、（1）の①又は②に掲げる者は、政令で定める額の範囲内で、同条第 1 項の政見の放送のための録音又は録画を無料ですることができるものとされた。

① 公営の手続き

　既に持込みビデオ方式が導入されている衆議院小選挙区選出議員の選挙と同様に、改正法により持込みビデオ方式が導入された参議院選挙区選出議員の選挙において、持込みビデオ方式を選択する候補者は、録音又は録画を業とする者との間において、有償契約を締結し、その旨を都道府県の選挙管理委員会等に届け出、都道府県は当該契約の相手方である業者からの請求に基づいて、当該契約に基づく持込みビデオの録音又は録画費用（総務大臣の定める額（以下「録音等公営限度額」という）が限度）とその複製費用（総務大臣の定める額（以下「複製公営限度額」という）が限度）を当該業者に支払うこととされた（令第111条の5第1項及び第2項）。

　このことに伴い、改正則において、参議院選挙区選出議員の選挙における政見放送について、新たに契約届出書の様式が設けられた（則別記第28号様式の3、第28号様式の11及び第28号様式の12）。

② 公営限度額

　すでに持込みビデオ方式が導入されている衆議院小選挙区選出議員の選挙については、都道府県から業者に支払う公営負担額の算定方法について、「契約に基づく録音又は録画でかつ放送されたものの作成費（録音等公営限度額を超えるものは当該限度額）をビデオの種類ごとに足し上げた額」に「ビデオを放送するために必

要な複製費（複製公営限度額を超えるものは当該限度額）」を加えて算出するものとされている。

　また、公営負担額の上限額の算定方法については、「録音等公営限度額×放送されたビデオの種類数」に「複製公営限度額」を加えて算出するものとされているが、今回の改正法により持込みビデオ方式が導入された参議院選挙区選出議員の選挙についても、同様の算定方法とすることとされた（令第111条の5第2項及び第3項）。

　ただし、参議院選挙区選出議員の選挙においては、改正法の立案過程における各党各会派の議論により、公営経費に配慮し、候補者一人が持込むことができるビデオは全放送局を通じてテレビ又はラジオ各1種類とすることとされた（規程第10条第3項）。なお、参議院選挙区選出議員選挙における持込みビデオ方式の公営限度額については、衆議院小選挙区選挙の額と同額とされている（平成12年自治省告示第82号）。

（3）持込みビデオ方式を選択することができる候補者の確認方法関係（法第150条第6項から第8項まで及び令第111条の6から第111条の8まで）

① 都道府県の選挙管理委員会等への文書の提出

　法第150条第6項により、持込みビデオ方式を選択する候補者は、自らが所属する確認団体又は自らが推薦若しくは支持を受ける

推薦団体が政党要件を満たすことを証明するために文書を提出することとされた。候補者は、当該文書を立候補届出の日に提出しなければならないこととし（令第111条の6第1項）、提出すべき文書の内容については、以下のとおりとされた（令第111条の6第2項並びに則第17条の10、則別記第28号様式の14及び第28号様式の15）。

■ 自らが所属する確認団体又は自らが推薦若しくは支持を受ける推薦団体が所属国会議員が5人以上であることを証する場合
・当該政党その他の政治団体に所属する5人以上の衆議院議員又は参議院議員の氏名を記載した文書（以下「5人要件文書」という）
・当該5人要件文書にその氏名を記載されることについての当該衆議院議員又は参議院議員の承諾書
・当該5人要件文書にその氏名を記載することができないこととされている者を当該衆議院議員又は参議院議員として、その氏名を記載していないことを当該政党その他の政治団体の代表者が誓う旨の宣誓書

■ 自らが所属する確認団体又は自らが推薦若しくは支持を受ける推薦団体が直近の総選挙若しくは通常選挙における得票率が2％以上であることを証する場合
・直近において行われた衆議院議員の総選挙における小選挙区選出議員の選挙若しくは比例代表選出議員の選挙又は参議院議員

の通常選挙における比例代表選出議員の選挙若しくは選挙区選出議員の選挙における当該政党その他の政治団体の得票総数を記載した文書

　ただし、持込みビデオ方式を選択する候補者に係る政党その他の政治団体が、以下のア又はイに該当する場合は、これらの文書の提出を省略できることとされた（法第150条第6項ただし書）。実際には、これらに該当することにより提出の省略がされることが多いものと考えられる。

ア．法第86条の3第1項第1号又は第2号に該当する政党その他の政治団体として同項の規定による届出をした政党その他の政治団体（いわゆる参議院名簿届出政党）

イ．任期満了前90日に当たる日から7日を経過する日までの間に法第86条の7第1項の規定による届出をした政党その他の政治団体（いわゆる参議院名称保護届出政党）で同条第5項の規定による撤回の届出をしていないもの（同条第3項の規定により添えた文書の内容に異動がないものに限り、法第86条の3第1項第1号（5人要件）に該当する政党その他の政治団体として法第86条の7第1項の規定による届出をしたものを除く（令第111条の6第3項）。

　イについて、名称保護届出政党のうち、所属国会議員が5人以上として届け出た団体を対象外としているのは、当該届出後に所属国会議員の数が変動することがあり得るからである。

　さらに、都道府県の選挙管理委員会等がア又はイに該当する政党その他の政治団体を確認できるようにする必要があることから、中央選挙管理会から都道府県の選挙管理委員会等へ必要な事項を通知することとされた（法第150条第 7 項）。具体的には中央選挙管理会は、参議院比例代表選出議員の選挙と同時に行われる参議院選挙区選出議員の選挙の期日の公示又は告示があった日に、ア又はイに該当する政党その他の政治団体の名称、本部の所在地及び代表者の氏名を都道府県の選挙管理委員会等に通知することとされた（令第111条の 7 ）。

　以上も踏まえ、都道府県の選挙管理委員会等が、候補者が持込みビデオ方式を選択することができる候補者か否かを確認する方法をまとめると、次ページの図のとおりとなる。

② 推薦団体又は確認団体に所属する衆議院議員又は参議院議員の数の算定等

　参議院選挙区選出議員の選挙の政見放送において、持込みビデオ方式を選択することができる候補者の要件に係る推薦団体又は確認団体の所属国会議員の数（法第150条第 1 項第 2 号イ（ 1 ））及び得票総数（同号イ（ 2 ））の算定方法等については、以下のとおり定められた。

ア. 所属国会議員の数の算定（令第111条の 8 第 1 項）

　　5 人要件文書を提出する際に、現に衆議院の解散若しくは衆議院議員の任期満了により衆議院議員が在任しない場合又は参

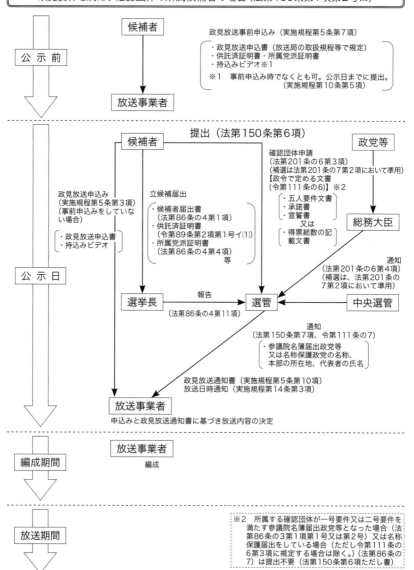

参議院選挙区選挙における政見放送フロー図
政党要件を満たす確認団体の所属候補者の場合（法第150条第1項第2号ロ）

公示前

候補者 → 放送事業者

政見放送事前申込み（実施規程第5条第7項）

・政見放送申込書（放送局の取扱規程等で規定）
・供託済証明書・所属党派証明書
・持込みビデオ※1

※1　事前申込み時でなくとも可。公示日までに提出。
　　（実施規程第10条第5項）

公示日

提出（法第150条第6項）

候補者

政見放送申込み
（実施規程第5条第3項）
（事前申込みをしていない場合）

・政見放送申込書
・持込みビデオ

立候補届出

・候補者届出書
　（法第86条の4第1項）
・供託済証明書
　（令第89条第2項第1号イ(1)）
・所属党派証明書
　（法第86条の4第4項）
　　　　　等

確認団体申請
（法第201条の6第3項）
（補選は法第201条の7第2項において準用）
【政令で定める文書
（令第111条の6）】※2

・五人要件文書
・承諾書
・宣誓書
　　又は
・得票総数の記載文書

政党等 → 総務大臣

通知
（法第201条の6第4項）
（補選は、法第201条の7第2項において準用）

選挙長 ─報告→ 選管 ← 中央選管
（法第86条の4第11項）

通知
（法第150条第7項、令第111条の7）

・参議院名簿届出政党等
又は名称保護政党の名称、
本部の所在地、代表者の氏名

政見放送通知書（実施規程第5条第10項）
放送日時通知（実施規程第14条第3項）

放送事業者

申込みと政見放送通知書に基づき放送内容の決定

編成期間

放送事業者

編成

放送期間

※2　所属する確認団体が一号要件又は二号要件を
満たす参議院名簿届出政党等となった場合（法
第86条の3第1項第1号又は第2号）又は名称
保護届出をしている場合（ただし令第111条の
6第3項に規定する場合は除く。）（法第86条の
7）は提出不要（法第150条第6項ただし書）

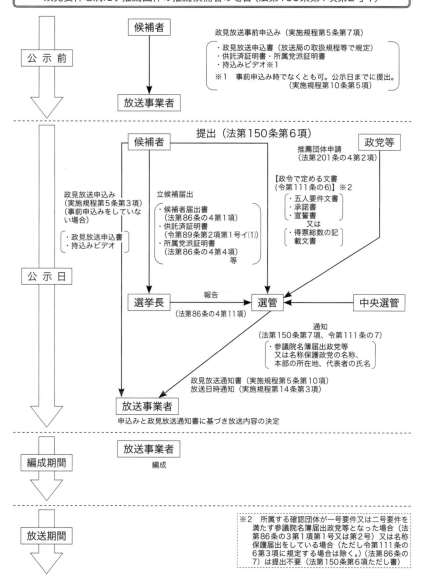

議院議員の任期満了により参議院議員の一部が在任しない場合においては、これらの事由により衆議院議員又は参議院議員でなくなった者（これらの事由がなければ、文書の提出の際までに引き続き在任することができた者に限る）は、法第150条第1項第2号イの算定に当たっては、これらの衆議院議員又は参議院議員に含まれる者として算定することとされた。

イ．5人要件文書に関する記載制限（令第111条の8第2項及び第3項）

　　5人要件文書に関する記載制限について法第86条の3第2項において準用する法第86条の2第2項第3号の規定に基づき、参議院名簿を届け出ようとする政党その他の政治団体が同条第1項各号に規定する要件を満たすことを証する文書として提出すべき文書のうち、当該政党その他政治団体に所属する5人以上の衆議院議員又は参議院議員の氏名を記載した文書（以下「第1号要件文書」という）について記載制限を設ける令第88条の5第2項及び第3項と同様とし、5人要件文書を提出しようとする政党その他の政治団体は、5人要件文書に以下の者を記載することができないこととされた。

■　参議院比例代表選出議員の選挙と参議院選挙区選出議員の選挙が同時に行われる場合

・当該政党その他の政治団体以外の参議院名簿届出政党等（法第86条の7第1項の規定による届出をした政党その他の政治団

体で、法第86条の 3 第 1 項の規定による届出をしていないもの
を含む）又は政党要件を満たす推薦団体又は確認団体に所属す
る衆議院議員又は参議院議員

・当該政党その他の政治団体以外の第 1 号要件文書（いわゆる
　参議院名簿届出要件該当確認書）にその氏名を記載された者

・当該政党その他の政治団体以外の 5 人要件文書にその氏名を
　記載された者

・当該政党その他の政治団体以外の参議院名簿届出政党等の参
　議院名簿登載者又は所属候補者として令第88条の 5 第 3 項第
　3 号に定める文書にその氏名を記載された者

■ 参議院比例代表選出議員の選挙と参議院選挙区選出議員の選挙が同時に行われない場合

・当該政党その他の政治団体以外の政党要件を満たす推薦団体
　又は確認団体に所属する衆議院議員又は参議院議員

・当該政党その他の政治団体以外の 5 人要件文書にその氏名を
　記載された者

　これは改正法において、持込みビデオ方式を選択することができ
る参議院選挙区選出議員の選挙の候補者について、候補者届出政
党と同様の要件を満たし、かつ推薦団体又は確認団体である政党
その他の政治団体の推薦候補者又は確認候補者に限ることとされ
た趣旨を踏まえたものである。したがって、例えば推薦団体又は確
認団体である政党に所属する 5 人以上の国会議員が当該政党とは

異なる政治団体に所属している場合において、その政治団体が仮に推薦団体又は確認団体となった場合でも、当該5人以上の国会議員が記載された5人要件文書は提出できないこととなる。

　なお、このことに伴い、第1号要件文書の記載制限について、政党要件を満たす推薦団体又は確認団体と参議院名簿届出政党等との間で記載制限を設けるとともに、参議院名簿を届け出ようとする政党その他の政治団体が第1号要件文書と併せて提出する必要がある宣誓書について、当該政党その他の政治団体以外の政党要件を満たす推薦団体又は確認団体に所属する衆議院議員若しくは参議院議員又は当該政党その他の政治団体以外の5人要件文書にその氏名を記載された者を、第1号要件文書にその氏名を記載していないことを当該政党その他の政治団体の代表者が誓う旨を追加するものとされた（令第86条の6第2項、令第86条の5第3項第1号及び則別記第18号様式の3）。

ウ．得票数の算定（令第111条の8第4項及び第5項）

　　持込みビデオ方式を選択することができる候補者の要件である「直近の総選挙若しくは通常選挙における得票率が2％以上」に関し、直近の衆議院議員の総選挙における小選挙区選出議員の選挙又は参議院議員の通常選挙における選挙区選出議員の選挙の得票総数の算定に当たっては、当該政党その他の政治団体の当該選挙における届出候補者又は所属候補者の得票数を合算した数を当該政党その他の政治団体の得票数とするとともに、直近の参議院の通常選挙における比例代表選出議員の選挙の得票

総数は、当該政党の得票総数（当該政党に係る各参議院名簿登載者（当該選挙の期日において公職の候補者たる者に限る）の得票総数を含むものをいう）とすることとされた。

（4）政見放送に関する手話通訳者への報酬の支給（法第197条の2第5項及び令第129条第7項及び第9項関係）

　持込みビデオの内容については、品位保持や著作権等の制約はあるものの、候補者の創意工夫に任されているため、手話通訳を挿入することも任意で可能であり、法第197条の2の規定により、手話通訳者には報酬を支給することができる。

　参議院選挙区選出議員の選挙における選挙運動従事者への報酬の支払いについては、改正前の法第197条の2第2項及び第5項、及び令第129条第8項の規定により、候補者が使用する前に都道府県の選挙管理委員会等に届け出る必要があることとされていた。この点、持込みビデオは、公示日前に作成されることが想定され、当該ビデオ作成のための手話通訳者も公示日前に使用されることになるが、立候補届出前の時点においては、この使用前の届出自体が不可能である。

　そこで改正法により法第197条の2第5項は「その者を使用する前にこの項による届出をすることができない場合として政令で定める場合にあっては、その者に対して第2項の規定により報酬を支給する前に」都道府県の選挙管理委員会等に届出をするよう改正され、当該政令で定める場合として持込みビデオの作成の際に手話

通訳を付し、手話通訳者に報酬を支払う場合が定められた。

　また、改正後の則において、届出に際しては、届出る手話通訳者が持込みビデオにおける手話通訳者である旨を明記し、「使用する期間」の欄には、選挙運動期間中のいずれかの日で、かつ参議院議員の選挙において候補者が報酬を支払うことができる選挙運動に従事する者の１日当たりの上限である50人（令第129条第３項）を超えない日を記載することとされた（則別記第32号様式の２）。

（5）参議院選挙区選出議員の選挙の政見放送におけるスタジオ録画方式関係（規程第８条第７項及び第11条第７項）

　改正法により参議院選挙区選出議員の選挙の政見放送に持込みビデオ方式が導入されることに伴い、参議院選挙区選出議員の選挙の政見放送のスタジオ録画方式についても、以下のとおり改正規程により制度変更が行われた。

① 参議院選挙区選挙における政見放送への手話通訳の付与

　候補者から申込みがあったときは、日本放送協会及び基幹放送事業者が手話通訳を付して政見を録画するものとされた（規程第８条第７項）。

　これは、改正法により持込みビデオ方式が導入されることで、政党要件を満たす確認団体の所属候補者等が持込みビデオ方式を選択することになるとともに、以下の②のとおり、基幹放送事業者は候補者が希望した場合には、日本放送協会のスタジオで収録した

ものを使って政見放送を行うことで、放送事業者のスタジオ収録の回数が減少し、必要な手話通訳士の数も減ると見込まれることから、スタジオ録画の手話通訳付与に必要な手話通訳士を確保できるようになったことによるものである。

② 参議院選挙区選挙における政見放送の録音又は録画の回数

　日本放送協会及び基幹放送事業者に対して、候補者から日本放送協会において録音又は録画をした物を使用して政見放送を行うよう申込みがあったときは、当該基幹放送事業者は当該録音又は録画したものを使用して政見放送を行うこととされた（規程第11条第7項）。

参議院選挙区選出議員の選挙の政見放送に関する公職選挙法の改正について
(公職選挙法の一部を改正する法律 (平成30年法律第65号) の概要)

改正の趣旨

　参議院選挙区選挙の政見放送については、候補者が放送事業者のスタジオに出向いて録画する方式 (スタジオ録画方式) に限られ、候補者が自ら録画する方式 (持込みビデオ方式) によることはできない。

　また、参議院選挙区選挙以外の選挙においては、政見放送に手話通訳・字幕の少なくともどちらかは付与できるが、参議院選挙区選挙においては、どちらも付与できない。

→　喫緊の課題として、参議院選挙区選挙において、持込みビデオ方式を導入することにより、政見放送に手話通訳・字幕を付与できるようにする等できる限り多くの国民に候補者の政見がより効果的に伝わるようにすることが必要。

> 　参議院選挙区選挙の政見放送について、持込みビデオ方式を導入する。
>
> 　ただし、政見放送の品位保持の観点から、衆議院小選挙区選挙において持込みビデオ方式を選択できる候補者届出政党と同様の要件を満たし、かつ、確認団体・推薦団体である政党その他の政治団体の所属候補者・推薦候補者に限り、持込みビデオ方式を選択できることとする (それ以外の候補者は、従来どおりスタジオ録画方式により政見放送を行うことが可能)。

改正の概要

1　参議院選挙区選挙において、①所属国会議員が5人以上又は②直近の総選挙若しくは通常選挙における得票率が2％以上のいずれかの要件を満たす確認団体・推薦団体の所属候補者・推薦候補者の政見の放送については、放送事業者は、その録音・録画した政見又は当該候補者が録音・録画した政見をそのまま放送しなければならないものとする。

2　1の候補者は、政令で定める額の範囲内で、1の政見の放送のための録音・録画を無料ですることができるものとする。

3　改正法は、公布の日から起算して6月を超えない範囲内において政令で定める日から施行する。

以下については、総務大臣が定める実施規程で規定。

※1　公営経費に配慮し、持ち込むことができる政見は、候補者1人につき全放送局を通じて1種類とする。
※2　【スタジオ録画方式】基幹放送事業者に対して、候補者から日本放送協会において録音又は録画した物を使用して政見放送を行うよう申込みがあったときは、当該基幹放送事業者は当該録音又は録画した物を使用して政見放送を行うこととする。
※3　【スタジオ録画方式】候補者から申込みがあったときは、日本放送協会及び基幹放送事業者は手話通訳を付して政見を録画するものとする。

出典「選挙時報 平成31年2月号」

　　なお、持込みビデオ方式が初めて採用された令和元年 7 月に行われた参議院議員通常選挙において、当該方式を申し込む候補者に対する説明資料は次のとおりである。

参議院選挙区選挙の政見放送における持込みビデオ方式について

○　参議院選挙区選出議員の選挙の政見放送において、持込みビデオ方式を選択する候補者は、都道府県選挙管理委員会並びにNHK及び民間放送事業者との間で諸手続を行っていただくこととなります。

○　手続の具体的な内容については、都道府県選挙管理委員会等にお問合せいただくこととなりますが、基本的な事項については以下のとおりとなっております。

1　都道府県選挙管理委員会への文書の提出について

○　持込みビデオ方式を選択する候補者は、自らに係る確認団体又は推薦団体が政党要件を満たすことを証明する文書を、都道府県選挙管理委員会（参議院合同選挙区選挙については、参議院合同選挙区選挙管理委員会。以下同じ。）に提出する必要がありますが、当該候補者に係る確認団体又は推薦団体が、以下の①又は②に該当する場合には、文書の提出を省略できます（公職選挙法（以下「法」という。）第150条第6項ただし書）。

①　法第86条の3第1項第1号又は第2号に該当する政党その他の政治団体として同項の規定による届出をした政党その他の政治団体（いわゆる政党要件を満たす参議院名簿届出政党）

　　政党要件　所属国会議員が5人以上又は直近の衆議院議員総選挙若しくは参議院議員通常選挙における得票率が2％以上。

②　法第86条の7第1項の規定による届出をした政党その他の政治団体（いわゆる参議院名称保護届出政党）で同条第5項の規定による届出（撤回の届出）をしていないもの。ただし、同条第3項の規定により添えた文書の内容に異動がないものに限り、法第86条の3第1項第1号に該当する政党その他の政治団体として法第86条の7第1項の規定による届出をしたもの（いわゆる5人要件を満たすとして名称保護の届出をした政党その他の政治団体）は除きます。

※　持込みビデオ方式を選択する候補者は、自らに係る確認団体又は推薦団体が、①又は②のいずれかにも該当しない場合は、以下の文書を公示日に都道府県選挙管理委員会に提出する必要があります。

【自らに係る確認団体又は推薦団体が所属国会議員が5人以上であることを証する場合】

・　当該政党その他の政治団体に所属する5人以上の衆議院議員又は参議院議員の氏名を記載した文書（以下「5人要件文書」という。）

・　当該5人要件文書にその氏名を記載されることについての当該衆議院議員又は参議院議員の承諾書

- 当該5人要件文書にその氏名を記載することができないこととされている者を当該衆議院議員又は参議院議員としてその氏名を記載していないことを当該政党その他の政治団体の代表者が誓う旨の宣誓書

【自らに係る確認団体又は推薦団体が直近の総選挙又は通常選挙における得票率が2%以上であることを証する場合】
- 直近において行われた衆議院議員の総選挙における小選挙区選出議員の選挙若しくは比例代表選出議員の選挙又は参議院議員の通常選挙における比例代表選出議員の選挙若しくは選挙区選出議員の選挙における当該政党その他の政治団体の得票総数を記載した文書

2　政見の持込みについて
○　提出することができる政見は、全放送局を通じて1種類までです。提出に当たっては、放送局ごとに正本副本として2本の政見を提出してください。
○　自ら録音又は録画した政見は、公示日までに放送局へ提出する必要があります。なお、政見放送の申込みと同時に提出することが望ましいです。
○　放送局へ提出する政見は、各放送局が定める技術基準を満たす必要があります。具体の技術基準は、各放送事業者へ確認してください。

3　公営手続について
○　持込みビデオ方式を選択する候補者は、法第150条第2項の規定により、政見の録音又は録画を公営限度額の範囲内で無料で行うことができます。
○　公営限度額は次のとおりです。
・録音等公営限度額
　　(1) 録音の場合　　一種類につき　　　226,000円
　　(2) 録画の場合　　一種類につき　　2,873,000円
・複製公営限度額
　　(1) 録音の場合　　複製一本につき　　　2,000円
　　(2) 録画の場合　　複製一本につき　　 34,000円
○　公営は、以下の手続により行われます（次ページのフロー図も参照）。
　①有償契約の締結
　　　録音又は録画を業とする者との間において有償契約を締結してください。
　②契約締結の届出
　　　①で締結した契約について都道府県選挙管理委員会に届出を行ってください。
　③証明書の提出
　　　録音又は録画を行い、業者に証明書を提出してください。
　④費用の請求
　　　業者は、③の証明書を添えて請求書を都道府県選挙管理委員会に提出してください。
　⑤費用の支払
　　　都道府県から業者へ公営限度額の範囲内で費用が支払われます。

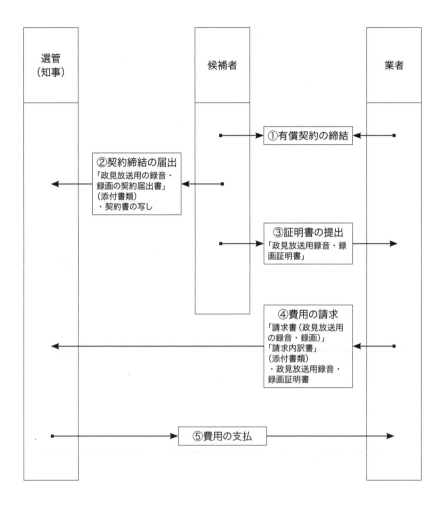

※1　手話通訳者を使用した場合について

　　持込みビデオ方式においては、候補者の任意で、政見の録画に手話通訳を付すことができます。手話通訳を付すために使用した手話通訳者に報酬を支給する場合は、法第197条の2第5項の規定により、報酬を支給する前に、都道府県選挙管理委員会に届出を行う必要があります。なお、手話通訳者への報酬は1日1人あたり1万5千円以内とされています。

※2　政見の録音又は録画に要した費用の取扱いについて

　　政見の録音又は録画に要した費用は選挙運動法定費用額に算入されるとともに、当該費用及び公営額については、選挙運動費用収支報告書へ必要事項を記載する必要があります。

出典「月刊選挙 令和元年6月号」

29

[2] 背景、成立に至る経緯

（1）参議院選挙区選出議員の選挙の政見放送

　参議院選挙区選出議員の選挙以外の選挙の政見放送については、次の表のとおり、政見に手話通訳又は字幕の少なくともどちらかは付与することができることになっていた。一方、参議院選挙区選出議員の選挙の政見放送については、改正法の施行前はスタジオ録画方式に限られており、政見に手話通訳又は字幕のどちらも付与することはできなかった。

政見放送における手話通訳・字幕の付与について（下線部が今回の改正によるもの）

	選挙の種類	衆議院・小選挙区	衆議院・比例代表	参議院・選挙区	参議院・比例代表	都道府県知事
1	主体	候補者届出政党	衆議院名簿届出政党等	公職の候補者	参議院名簿届出政党等	公職の候補者
2	放送事業者	NHK、民放	NHK（北関東、東京都はNHK、民放）	NHK、民放	NHK	NHK、民放
3	方式	①スタジオ録画方式又は②持込みビデオ方式	スタジオ録画方式	①スタジオ録画方式又は②持込みビデオ方式＊	スタジオ録画方式	スタジオ録画方式
4	放送時間／回	9分	9分	5分30秒	17分（衆参同日の場合は14分）	5分30秒
5	手話通訳	①不可②持込みビデオに挿入可	可※H21選挙から導入（実施規程第8条第4項）	①可※H31選挙から導入②持込みビデオに挿入可	可※H7選挙から導入（実施規程第8条第4項）	可※H23.4.1以降実施の知事選から導入（実施規程第8条第7項）
6	字幕	①不可②持込みビデオに挿入可	不可	①不可②持込みビデオに挿入可	可※H25選挙から導入（実施規程第8条第5項）	不可

＊所属国会議員が5人以上又は直近の総選挙若しくは通常選挙における得票率が2％以上のいずれかの要件を満たす確認団体・推薦団体の所属候補者・推薦候補者に限る。

「選挙時報 平成31年2月号」を基に作成

　参議院選挙区選出議員の選挙の政見放送に手話通訳を付与できないとされていた理由は、全国で同時に多数の政見放送の収録が行われることになるため、各地域において、一定数の手話通訳士を安定的に確保する必要があるが、地域によっては手話通訳士の数が少ないところもあり、限られた収録期間の中で必要な数の手話通訳士を各地域で確保することに課題があったためである。

　また、字幕を付与できない理由は、日本放送協会によると、全国のほとんどの放送局において字幕付与に対応できる専門的なノウハウと技術を持った人材や会社が地域にないのが実情であり、加えて字幕を付与するための機材の整備などの課題もあるとのことで、現状では限られた期間に全国すべての選挙区で対応することは困難な状況にあるからである。

　なお、参議院選挙区選出議員の選挙の政見放送については、候補者が選挙区内の複数の放送事業者の放送局に決められた日時に録音又は録画のために出向く必要があり、候補者の負担となっているとの意見も聞かれていた。

（2）法案提出の経緯

　このような状況を踏まえ、各党各会派において平成28年7月の参議院議員通常選挙の前に、参議院選挙区選出議員の選挙の政見放送においても、持込みビデオ方式を認め、そのことにより政見に手話通訳及び字幕を付与することができるようにする公職選挙法改正の議論が行われたが、全会派の一致には至らず、改正は見送

られた。

　その後、平成30年に入り、平成31年の参議院議員通常選挙に向けて、再度各党各会派において議論が行われたが、持込みビデオ方式を認める候補者の範囲について意見が異なり、全会派の一致は見られなかった。しかしながら、第196回国会の平成30年6月11日に自由民主党・こころ、公明党、国民民主党・新緑風会、立憲民主党・民友会、日本維新の会及び希望の党の共同提案により、参議院選挙区選出議員の選挙の政見放送において一定の要件を満たす推薦団体又は確認団体の推薦候補者又は所属候補者については、持込みビデオ方式を採択することができることとする「公職選挙法の一部を改正する法律案」（以下「改正法案」という）が参議院に提出された。

（3）国会における審議経過等
① 参議院での審議経過

　改正法案は、平成30年6月12日に、参議院政治倫理の確立及び選挙制度に関する特別委員会に付託され、翌13日の同委員会で発議者からの趣旨説明、質疑が行われた。

　審議においては、参議院選挙区選挙における政見放送について持込みビデオ方式を導入し、手話通訳や字幕の付与を可能にすること等を通じて、障害等の有無にかかわらず、できる限り多くの国民に候補者の政見がより効果的に伝わるようにするという趣旨について概ね異論はなかったが、政見放送の品位保持の観点から、一

定の要件を満たす候補者にのみ持込みビデオ方式を認める点について、その必要性、候補者の平等性などが議論された。

平成30年6月13日　参議院　政治倫理の確立及び選挙制度に関する特別委員会　会議録（抄）

●質疑者（こやり隆史議員）：（略）今般の改正法案では、参議院選挙区選挙の政見放送につきまして、持込みビデオ方式を導入すること等を内容とするという御説明がございました。その背景、目的につきまして、いま一度詳しく御説明いただきたいと思います。

●発議者（舞立昇治議員）：お答えいたします。
　現行制度上、参議院選挙区選挙の政見放送につきましては、候補者が放送事業者のスタジオに出向いて録画する方式であるスタジオ録画方式に限られておりまして、候補者が自ら録画する方式である持込みビデオ方式によることはできないこととなっております。
　また、参議院選挙区選挙以外の選挙におきましては、政見放送に、現在、手話通訳か字幕の少なくともどちらかは付与できることとされておりまして、具体的に申し上げますと、衆議院小選挙区選挙では持込みビデオ方式が認められているため、持込みビデオに手話通訳や字幕の付与が可能となっており、また、衆議院比例代表選挙や都道府県知事選挙では手話通訳の付与が認められております。参議院比例代表選挙では手話通訳に加えて字幕の付与が認められているところでございます。
　これに対しまして、現在、参議院選挙区選挙におきましては、手話通訳者が少ない地域があることや字幕を付与する設備、技術的な対応について困難がある等の理由から、手話、字幕のどちらも付与できておらない状況でございます。
　そこで、今回、喫緊の課題といたしまして、参議院選挙区選挙において持込みビデオ方式を導入することにより政見放送に手話通訳や字幕を付与できるようにして、障害のある方ですとか聴力が弱くなって

おられる高齢者の方など、できる限り多くの国民の皆様に候補者の政見がより効果的に伝わるようにすることが必要であることから、今回、参議院選挙区選挙の政見放送について持込みビデオ方式を導入するための改正を行わせていただくものでございます。

　以上です。

●質疑者（井上哲士議員）：（略）本法案は、参議院選挙区選挙の政見放送において、一定要件を満たす政党、確認団体の所属推薦候補のみビデオ持込みを認めることになっております。（略）

　効果的な政見放送の方法を特定の候補だけに認めて公的な費用にも大幅な差を付けるという不平等な措置は、公職選挙法の中に初めて個人の選挙運動の差別、不平等を持ち込むことになっておりますけれども、これは公正、平等を旨とする公選法の基本に反するものではないかと考えますが、提案者、いかがでしょうか。

●発議者（古賀友一郎議員）：（略）そもそも憲法につきましては、各候補者が選挙運動の上で平等に取り扱われるべきことを要求してはいるというふうに承知をしておりますけれども、合理的理由に基づくと認められる差異を設けることまで禁止しているものではないということ、このことは既に最高裁判所の判決においても判示されているわけでございます。

　その上で、今回の改正でございますけれども、障害等の有無にかかわらず、できる限り多くの国民に候補者の政見がより効果的に伝わるようにしようというわけでございますが、その場合に、先ほど来出ておりますように、この品位の保持というものをどのように担保していくのかという、この対策が課題となっているというわけでございます。

　そうした観点から、今回のこの政党要件というのは、その線引き、基準といたしまして、現状、最も客観的で、また合理的と考えられる要件だというふうに我々認識をしておりまして、それを用いることによりましてその対策にしようというふうに考えているわけでございます。

　その一方で、無所属候補者の方々につきましては、先ほどもこれは答弁がございましたけれども、今回の改正後におきましても、ビデオ持込みが認められない候補者の方につきましては、これは従来どおりスタジオ録画方式による政見放送を行うことが可能であるだけでなくて、それにプラスいたしまして、この法改正を踏まえて、総務大臣が定める実施規程が改正される、そのことによりまして、スタジオ録画方式の場合であってもNHKで収録したビデオが民放でも使用できる、それと併せまして、手話通訳、これも新たに付けられるようになると、このように承知しておりまして、その差異につきましては必要最小限にとどめようと、そういった努力もさせていただくということを考えているわけでございます。

　こうしたことによりまして、この最高裁の判例に照らして考えましても、これは憲法上許容される範囲内だというふうに考えているところでございます。

　また、公選法上も、現行法で、先ほど出ておりましたが、確認団体、推薦団体の関与の有無でこの選挙運動に差異が現行法上もあるということを考えますと、これもまた許容の範囲内であると、このように認識しているところでありますので、御理解をいただきたいと思います。

　以上でございます。

　その後、参議院選挙区選出議員の選挙のすべての候補者に持込みビデオ方式を認めることを主な内容とする改正法案に対する修正案が希望の会及び沖縄の風から提出され、原案及び修正案について討論がされた後、採決された。修正案は否決され、原案は日本共産党、希望の会、及び沖縄の風を除く各会派の賛成多数によって可決された。

　採決後、改正法案に対する付帯決議案が、自由民主党・こころ、

公明党、国民民主党・新緑風会、立憲民主党・民友会、日本共産党、日本維新の会、希望の党及び沖縄の風の共同提案により提出され、全会一致で可決された。

公職選挙法の一部を改正する法律案に対する附帯決議

　政府は、本法施行に当たり、政見放送が候補者及び政党の政策等を伝える重要な手段であることに鑑み、障がい等の有無にかかわらず有権者が政見に接することのできる環境の一層の向上のため、参議院選挙区選出議員選挙のスタジオ録画方式による政見放送における字幕付与の導入に向け、放送事業者と連携して課題の克服に向けた検討を行いその実現に努めること。

　　右決議する。

　その後、改正法案は、同月15日に参議院本会議で賛成多数をもって可決され、同日衆議院に送付された。

② 衆議院での審議経過

　衆議院においては、平成30年6月15日に、政治倫理の確立及び公職選挙法改正に関する特別委員会に付託され、同月18日に発議者からの趣旨説明、質疑、討論、採決が行われた。採決の結果、改正法案は、日本共産党を除く各会派の賛成多数によって可決され、さらに同月19日に衆議院本会議でも賛成多数によって可決され、成立した。

第2章

参議院議員選挙制度の改正
（較差の縮小、特定枠制度の導入）

■平成30年法律第75号（平成30年7月25日公布、平成30年
　10月25日施行）

参議院選挙区選挙における較差の縮小、参議院比例代表選挙における特定枠制度の導入

[1] 改正の概要

1. 参議院選挙区選挙における較差の縮小関係（法第4条及び別表第3）

> 第四条　（略）
> 2　参議院議員の定数は<u>二百四十八人</u>とし、そのうち、<u>百人</u>を比例代表選出議員、<u>百四十八人</u>を選挙区選出議員とする。
> 3　（略）

・参議院議員の定数を248人に増加

　法第 4 条第 2 項の改正により、参議院議員の定数を242人から248人に 6 人増加し、そのうち参議院比例代表選出議員を96人から100人に、参議院選挙区選出議員を146人から148人に増加することとされた。選挙区選出議員については、法別表第 3 の改正により、埼玉県選挙区における議員数を 6 人から 8 人に増加することとされた。

　また、日本国憲法第46条の規定により、参議院議員については「 3 年ごとに議員の半数を改選する」とされていることに対応し、改正法附則第 3 条の規定において参議院議員の定数については、平

成31年の参議院議員通常選挙により選出される議員の任期が開始されるまでは現行定数（242人）のままとし、同選挙により選出された議員の任期開始後、令和4年に改選を迎える参議院議員の任期満了の日までの間は245人とする趣旨の措置が講じられている。

　なお、選挙区選出議員の定数増加により、平成27年国勢調査の日本国民人口による選挙区間の最大較差は、改正前の3.07倍（埼玉県/福井県）から、2.98倍（宮城県/福井県）へと縮小することとなった。

2. 参議院比例代表選挙における特定枠制度の導入関係

（1）立候補の届出等（法第86条の3）

第八十六条の三　参議院（比例代表選出）議員の選挙においては、次の各号のいずれかに該当する政党その他の政治団体は、当該政党その他の政治団体の名称（一の略称を含む。）及びその所属する者（当該政党その他の政治団体が推薦する者を含む。第九十八条第三項において同じ。）の氏名を記載した文書（以下「参議院名簿」という。）を選挙長に届け出ることにより、その参議院名簿に記載されている者（以下「参議院名簿登載者」という。）を当該選挙における候補者とすることができる。この場合においては、候補者とする者のうちの一部の者について、優先的に当選人となるべき候補者として、その氏名及びそれらの者の間における当選人となるべき順位をその他の候補者とする者の氏名と区分してこの項の規定により届け出る文書に記載することができる。
　一〜三　（略）
2　前条第二項、第三項、第五項、第七項（第四号を除く。）及び第八

> 項から第十四項までの規定は、参議院（比例代表選出）議員の選挙
> について準用する。以下（略）

・参議院比例代表選挙において、優先的に当選人となる候補者を
　区分して名簿に記載する「特定枠制度」を導入

　法第86条の3第1項の改正により、参議院比例代表選出議員
の選挙において、参議院名簿の届出をする政党その他の政治団体
は、候補者とする者のうちの一部の者について、優先的に当選人と
なるべき候補者として、その氏名及びそれらの者の間における当選
人となるべき順位を、その他の候補者とする者の氏名と区分して名
簿に記載することができるとされた（このようにして参議院名簿に記
載された者を以下「特定枠名簿登載者」といい、その他の参議院
名簿登載者を以下「非拘束名簿式名簿登載者」という）。なお、
「一部の者」を特定枠名簿登載者とすることができるものであること
から、一人を除いて特定枠名簿登載者とすることも法的には可能で
ある。

　これに伴い、参議院名簿の届出をした政党その他の政治団体
（以下「参議院名簿届出政党等」という）は、特定枠名簿登載者
に係る記載をした場合は、届出時に添付する参議院名簿登載者の
選定に係る文書について、特定枠名簿登載者の選定及びそれらの
者の間における当選人となるべき順位の決定手続についても記載を
要すること等となった（法第86条の3第2項において準用する第
86条の2第2項第6号）。

　また、参議院名簿届出の後で参議院名簿登載者でなくなった者の数が名簿届出時の参議院名簿登載者の数の4分の1を超えるに至ったときは参議院名簿登載者の補充の届出をすることができることとされているが、特定枠名簿登載者が参議院名簿登載者でなくなった場合については、その参議院名簿登載者でなくなった者の数を超えない範囲内で特定枠名簿登載者の補充の届出ができることとされるとともに、当該届出の際に、現に特定枠名簿登載者として参議院名簿に記載されている者の当選人となるべき順位をも変更することができることとされた（法第86条の3第2項において準用する第86条の2第9項）。

　なお、改正令による令第92条第9項の改正により、参議院名簿の届出等があった場合における選挙長から都道府県の選挙管理委員会等に対する参議院名簿登載者等に関する通知においては、氏名、本籍、住所、生年月日、職業のほか、当選人となるべき順位を通知することとされた。

（2）投開票（法第68条の3、第68条第3項第8号）

　参議院比例代表選出議員の選挙の投票の記載事項について定める法第46条第3項は改正されていないので、特定枠名簿登載者の氏名を記載することにより投票を行うことも可能である。ただし、特定枠名簿登載者に係る有効投票は参議院名簿届出政党等の有効投票とみなすこととされ、開票の場合における投票の効力決定に関しても、特定枠名簿登載者に係る規定の整備が以下のとおり行

われている。

① 特定枠名簿登載者の有効投票（法第68条の3）

第六十八条の三　前条第三項及び第五項の規定を適用する場合を除き、第八十六条の三第一項後段の規定により優先的に当選人となるべき候補者としてその氏名及び当選人となるべき順位が同項の参議院名簿に記載されている者である参議院名簿登載者の有効投票（前条第五項の規定によりあん分して加えられた有効投票を含む。）は、当該参議院名簿登載者に係る参議院名簿届出政党等の有効投票とみなす。

・特定枠名簿登載者の有効投票は、当該特定枠名簿登載者に係る参議院名簿届出政党等の有効投票とみなす

　改正法により新設された法第68条の3は、特定枠名簿登載者の有効投票の取扱いについて定める規定である。同条の規定により、同一の氏名等の参議院名簿登載者が複数いる場合のあん分計算を行う場合（法第68条の2第3項及び第5項）を除き、特定枠名簿登載者の有効投票は当該特定枠名簿登載者に係る参議院名簿届出政党等の有効投票とみなすこととされた。これは、後述のとおり、特定枠名簿登載者の個人名投票については当選順位を決めるという意味を持たないことから、参議院名簿届出政党等の当選人数決定の基礎となる政党等の有効投票としてのみ取扱うという趣旨によるものである。

　これにより、特定枠名簿登載者個人に係る有効投票数は参議院

名簿届出政党等の有効投票数の内数以外の性格を有しないことと
なるため、「特定枠名簿登載者個人の得票数」なるものは観念し
得ないこととなる。

　したがって、例えば令第73条に規定する開票における得票数の
朗読等や法第80条に規定する選挙分会における得票総数の計算に
際して、特定枠名簿登載者の得票数（得票総数）を個別に朗読等
や計算の対象とすることは、法令上必要とされない（当該参議院名
簿届出政党等の得票数の内数として運用上計算するに過ぎない）。

　また、同様の整理のもと、開票録についても、特定枠名簿登載
者個人の得票はないことから、所要の改正が行われた（則第26号
様式その３）。

② 無効投票（法第68条第３項第８号）

第六十八条
3（一〜七略）
　八　公職の候補者たる参議院名簿登載者の氏名又は参議院名簿届出
　　　政党等の第八十六条の三第一項の規定による届出に係る名称及び
　　　略称のほか、他事を記載したもの。ただし、公職の候補者たる参
　　　議院名簿登載者の氏名の記載のある投票については当該参議院名
　　　簿登載者に係る参議院名簿届出政党等の同項の規定による届出に
　　　係る名称若しくは略称又は職業、身分、住所若しくは敬称の類
　　　(当該参議院名簿登載者が同項後段の規定により優先的に当選人
　　　となるべき候補者としてその氏名及び当選人となるべき順位が同
　　　項の参議院名簿に記載されている者（同条第二項において読み替
　　　えて準用する第八十六条の二第九項後段の規定により優先的に当
　　　選人となるべき候補者としてその氏名及び当選人となるべき順位

が同項の規定による届出に係る文書に記載された者を含む。以下同じ。）である場合にあつては、当該参議院名簿登載者に係る参議院名簿届出政党等の第八十六条の三第一項の規定による届出に係る名称若しくは略称、当選人となるべき順位又は職業、身分、住所若しくは敬称の類）を、参議院名簿登載者の氏名の記載のない投票で参議院名簿届出政党等の同項の規定による届出に係る名称又は略称を記載したものについては本部の所在地、代表者の氏名又は敬称の類（当該参議院名簿届出政党等の届出に係る参議院名簿登載者のうちに同項後段の規定により優先的に当選人となるべき候補者としてその氏名及び当選人となるべき順位が同項の参議院名簿に記載されている者がある場合にあつては、その記載に係る順位、本部の所在地、代表者の氏名又は敬称の類）を記入したものは、この限りでない。

・特定枠名簿登載者の氏名の記載のある投票については、ほかに参議院名簿届出政党等の名称又は略称、当選人となるべき順位、職業、身分、住所、敬称の類が記載されていても無効とはされない

　法第68条第3項は、参議院比例代表選出議員の選挙の投票に係る無効事由について定めた規定である。改正法により、無効事由とならない他事記載について定めた同項第8号ただし書が改正され、（ⅰ）「特定枠名簿登載者の氏名の記載のある投票」については、ほかに参議院名簿届出政党等の名称又は略称、当選人となるべき順位、職業、身分、住所、敬称の類が記載されていても無効とはされず、（ⅱ）「参議院名簿登載者の氏名の記載のない投票で、特定枠名簿登載者がいる参議院名簿届出政党等の名称又は略称を記載したもの」については、従前のとおり本部の所在地、

代表者の氏名、敬称の類が記載されているもののほか、特定枠名簿登載者の記載に係る順位を記載しても無効とはされないこととされた。いずれも、参議院名簿届出政党等の有効投票として取扱われるのは、①で述べたとおりである。

このうち、（ⅱ）における「特定枠名簿登載者の記載に係る順位」については、いかなる記載がこれに該当するか検討を要すると考えられる。例えば、X党が特定枠名簿登載者を5人記載した場合において「X党4位」と記載した投票については、当該「4位」との記載は、一般的には「特定枠名簿登載者の記載に係る順位」と認められるであろう。一方、「X党7位」など、X党が記載した特定枠名簿登載者の数を上回る数が記されていた場合には、無効事由となる他事記載に当たるものと考えられる。

また、本号の記載には、特定枠名簿登載者に参議院名簿登載者の補充の届出（法第86条の3第2項において読み替えて準用する第86条の2第9項）に係る文書に記載された者を含むことが明示されている部分があるが、従前から「衆議院名簿登載者」「参議院名簿登載者」には、名簿登載者の補充の届出があった者も当然に含むものと解されている（例えば、投票の記載事項について定めた法第46条第3項などから、この趣旨は明らかである）ことから、あくまで確認的意味で規定されたものと考えられる。

③ 洋上投票における船長から船員への情報提供（令第59条の 6
第 7 項）

> 令第五十九条の六
>
> 　7　第四項又は第五項の規定により投票送信用紙及び投票送信用紙
> 　用封筒を入れた保管箱又は保管用封筒の交付又は引渡しを受けた
> 　船長は、当該指定船舶等の航海の期間中に、衆議院議員の総選挙
> 　若しくは参議院議員の通常選挙の期日の公示があつたこと又は当
> 　該選挙の公職の候補者の氏名（衆議院比例代表選出議員の選挙に
> 　あつては衆議院名簿届出政党等の法第八十六条の二第一項の規定
> 　による届出に係る名称及び略称、参議院比例代表選出議員の選挙
> 　にあつては参議院名簿届出政党等の法第八十六条の三第一項の規
> 　定による届出に係る名称及び略称並びに参議院名簿登載者の氏名
> 　(同項後段の規定により優先的に当選人となるべき候補者として
> 　その氏名及び当選人となるべき順位が参議院名簿に記載されてい
> 　る者である参議院名簿登載者にあつては、氏名及び当選人となる
> 　べき順位)）を知つた場合には、直ちにこれらを船員に対して知
> 　らせるように努めなければならない。

　改正令による令第59条の 6 第 7 項の改正により、洋上投票にお
いて不在者投票管理者たる船長は、特定枠名簿登載者の氏名及
び当選人となるべき順位を知った場合には、直ちにこれらを船員に
対して知らせるよう努めなければならないこととされた。

（３）当選人の決定
① 参議院比例代表選出議員の選挙における当選人の決定等（法
第95条の 3 関係）

第九十五条の三

1～2　（略）

3　各参議院名簿届出政党等（次項に規定する参議院名簿届出政党等を除く。）の届出に係る参議院名簿において、参議院名簿登載者の間における当選人となるべき順位は、その得票数の最も多い者から順次に定める。この場合において、その得票数が同じである者があるときは、それらの者の間における当選人となるべき順位は、選挙会において、選挙長がくじで定める。

<u>4　参議院名簿届出政党等であつて、その届出に係る参議院名簿登載者のうちに第八十六条の三第一項後段の規定により優先的に当選人となるべき候補者としてその氏名及び当選人となるべき順位が参議院名簿に記載されている者である参議院名簿登載者があるものの届出に係る各参議院名簿において、当該参議院名簿登載者の当選人となるべき順位は、その他の参議院名簿登載者の当選人となるべき順位より上位とし、当該その他の参議院名簿登載者の間における当選人となるべき順位は、その得票数の最も多い者から順次に定める。この場合において、当該その他の参議院名簿登載者のうちにその得票数が同じである者があるときは、前項後段の規定を準用する。</u>

<u>5　参議院（比例代表選出）議員の選挙においては、各参議院名簿届出政党等の届出に係る参議院名簿登載者のうち、それらの者の間における当選人となるべき順位に従い、第一項及び第二項の規定により定められた当該参議院名簿届出政党等の当選人の数に相当する数の参議院名簿登載者を、当選人とする。</u>

・特定枠名簿登載者の当選順位は非拘束名簿式名簿登載者よりも上位とされた

　参議院比例代表選出議員の選挙における当選人の決定等について規定する法第95条の3に第4項が追加され、特定枠名簿登載者を記載した参議院名簿届出政党等の名簿登載者の間における当

選人となるべき順位の決定については、特定枠名簿登載者を非拘束名簿式名簿登載者よりも上位とし、特定枠名簿登載者については参議院名簿に記載された順位に従い、非拘束名簿式名簿登載者については個人名投票による得票数の順に従い、順次当選人として定めることとされた。

　なお、当選人を決定する選挙会における選挙録についても（２）②で述べたとおり、特定枠名簿登載者個人の得票はないことから、その氏名が記載された投票の数について得票数として記載する必要がない旨、所要の改正が行われた（則第27号様式その３）。

② 合併選挙及び在任期間を異にする議員の選挙の場合の当選人の決定等（法第115条）

第百十五条

１〜２（略）

３　在任期間を異にする参議院（比例代表選出）議員について選挙を合併して行つた場合において、第百条第三項の規定の適用があるときは、くじにより、各参議院名簿届出政党等に係る在任期間の長い議員の選挙の当選人の数及び各参議院名簿<u>（第九十五条の三第四項に規定する参議院名簿届出政党等の届出に係るものを除く。）</u>における当選人となるべき順位を定める。

<u>４　前項に規定する場合において、第九十五条の三第四項に規定する参議院名簿届出政党等の届出に係る各参議院名簿においては、第八十六条の三第一項後段の規定により優先的に当選人となるべき候補者としてその氏名及び当選人となるべき順位が参議院名簿に記載されている者である参議院名簿登載者の当選人となるべき順位は、その他の参議院名簿登載者の当選人となるべき順位より上位とし、</u>

> 当該その他の参議院名簿登載者の間における当選人となるべき順位は、くじにより定める。
>
> 5　在任期間を異にする参議院（比例代表選出）議員について選挙を合併して行つた場合においては、各参議院名簿届出政党等の届出に係る参議院名簿登載者のうち、それらの者の間における当選人となるべき順位に従い、第二項又は第三項の規定により定められた当該参議院名簿届出政党等に係る在任期間の長い議員の選挙の当選人の数に相当する数の参議院名簿登載者を、在任期間の長い議員の選挙の当選人とする。
>
> 6～8　（略）
>
> 9　在任期間を異にする参議院議員について選挙を合併して行つた場合において、在任期間の長い議員の選挙の当選人又はその議員について、第九十七条、第九十七条の二又は第百十二条に規定する事由が生じたため、これらの規定により繰上補充を行う場合においては、比例代表選出議員の選挙にあつては当該議員又は当選人に係る参議院名簿の参議院名簿登載者で在任期間の短い議員又はその当選人があるときはその者の中から第五項に規定する参議院名簿登載者の間における当選人となるべき順位に従い、選挙区選出議員の選挙にあつてはその選挙において選挙された在任期間の短い議員又はその当選人があるときはその者の中から、当選人を定めるものとする。

　法第115条は在任期間を異にする参議院議員について選挙を合併して行った場合の当選人の決定の手順について定めた規定である。合併選挙において無投票当選となった場合、特定枠名簿登載者を記載した参議院名簿届出政党等においては、まず特定枠名簿登載者が当選人となるべき順位により、その次に非拘束名簿式名簿登載者がくじで定めるところにより、在任期間の長い議員の選挙の当選人として割り振られることとされた。

（4）選挙運動

・特定枠名簿登載者個人としての選挙運動は原則として認められない

① 特定枠名簿登載者の選挙運動についての基本的な考え方

　参議院比例代表選出議員の選挙においては、非拘束名簿式比例代表制の導入に際し、当選人となるべき順位が各名簿登載者の得票数によって決定されることから、名簿登載者個人の選挙運動が認められることとなった経緯がある。一方で特定枠名簿登載者については、その有効投票は当該参議院名簿届出政党等の有効投票として取扱われ、またあらかじめ当選人となるべき順位が決まっており、非拘束名簿式名簿登載者のように名簿登載者個人の得票数によって当選者となるべき順位が決まるわけではないことから、特定枠名簿登載者による選挙運動は、すなわち当該参議院名簿届出政党等に係る選挙運動と観念されることを踏まえ、特定枠名簿登載者個人としての選挙運動手段は原則として認めないこととされた。

　ただし、ウェブサイト等を利用する方法や電話、個々面接、幕間演説などの選挙運動手段については、公職選挙法上、原則として自由に行うことができるものであるので、特定枠名簿登載者も行うことができる。

② 選挙事務所の設置等（法第130条）

> 第百三十条　選挙事務所は、次に掲げるものでなければ、設置することができない。

> 一・二　（略）
> 三　参議院（比例代表選出）議員の選挙にあつては、参議院名簿届出政党等及び公職の候補者たる参議院名簿登載者（第八十六条の三第一項後段の規定により優先的に当選人となるべき候補者としてその氏名及び当選人となるべき順位が参議院名簿に記載されている者を除く。）
> 四　（略）

　特定枠名簿登載者については、選挙事務所の設置は認めないこととされた。

③ 飲食物の提供の禁止（法第139条）

> 第百三十九条　何人も、選挙運動に関し、いかなる名義をもつてするを問わず、飲食物（湯茶及びこれに伴い通常用いられる程度の菓子を除く。）を提供することができない。ただし、衆議院（比例代表選出）議員の選挙以外の選挙において、選挙運動（衆議院小選挙区選出議員の選挙において候補者届出政党が行うもの及び参議院比例代表選出議員の選挙において参議院名簿届出政党等が行うものを除く。以下この条において同じ。）に従事する者及び選挙運動のために使用する労務者に対し、公職の候補者（参議院比例代表選出議員の選挙における候補者たる参議院名簿登載者で第八十六条の三第一項後段の規定により優先的に当選人となるべき候補者としてその氏名及び当選人となるべき順位が参議院名簿に記載されているものを除く。）一人について、当該選挙の選挙運動の期間中、政令で定める弁当料の額の範囲内で、かつ、両者を通じて十五人分（四十五食分）（第百三十一条第一項の規定により公職の候補者又はその推薦届出者が設置することができる選挙事務所の数が一を超える場合においては、その一を増すごとにこれに六人分（十八食分）を加えたもの）に、当該選挙につき選挙の期日の公示又は告示のあつた日か

> らその選挙の期日の前日までの期間の日数を乗じて得た数分を超え
> ない範囲内で、選挙事務所において食事するために提供する弁当（選
> 挙運動に従事する者及び選挙運動のために使用する労務者が携行す
> るために提供された弁当を含む。）については、この限りでない。

　非拘束名簿式名簿登載者については、一定の範囲内で選挙事務所において食事するための弁当を提供することができるとされているが、特定枠名簿登載者については、こうした弁当の提供は認めないこととされた。

④ 連呼行為の禁止（法第140条の２）

　連呼行為について規定する法第140条の２自体は改正されていないが、特定枠名簿登載者は後述のとおり個人演説会や街頭演説の実施、選挙運動用自動車等の使用が認められないことから、結果としてこれらに伴う連呼行為を行うことはできない。

⑤ 選挙運動用自動車等の使用（法第141条）

> 第百四十一条　次の各号に掲げる選挙においては、主として選挙運動
> のために使用される自動車（道路交通法（昭和三十五年法律第百五
> 号）第二条第一項第九号に規定する自動車をいう。以下同じ。）又
> は船舶及び拡声機（携帯用のものを含む。以下同じ。）は、公職の
> 候補者（参議院比例代表選出議員の選挙における候補者たる参議院
> 名簿登載者で第八十六条の三第一項後段の規定により優先的に当選
> 人となるべき候補者としてその氏名及び当選人となるべき順位が参
> 議院名簿に記載されているものを除く。次条において同じ。）一人
> について当該各号に定めるもののほかは、使用することができない。

> ただし、拡声機については、個人演説会（演説を含む。）の開催中、その会場において別に一そろいを使用することを妨げるものではない。
> 一・二（略）

・特定枠名簿登載者の選挙運動用自動車・船舶・拡声機の利用は認められない

　特定枠名簿登載者については、選挙運動用自動車又は船舶及び拡声機の使用は認めないこととされた。一方で、本条第7項の公営にかかる規定は改正されておらず、公営対象は当選人となるべき順位が当該参議院名簿届出政党等の供託金が没収されない順位内である場合、すなわち、当該参議院名簿届出政党等の当選人の数の2倍の順位内である場合に限られている。非拘束名簿式名簿登載者の当選人となるべき順位は、特定枠名簿登載者よりも下位となるものであるが、選挙運動の公営の対象となる範囲については、特に特定枠名簿登載者を除いてカウントすること等とはされていないことに留意が必要である。なお、供託金の没収に係らしめた公営に係るこうした取扱いは、文書図画の頒布・掲示等、他の選挙運動手段の公営についても同様である。

⑥ 文書図画の頒布（法第142条）

> 第百四十二条　衆議院（比例代表選出）議員の選挙以外の選挙においては、選挙運動のために使用する文書図画は、次の各号に規定する通常葉書及びビラのほかは、頒布することができない。この場合に

おいて、ビラについては、散布することができない。

一　（略）

一の二　参議院（比例代表選出）議員の選挙にあつては、公職の候補者たる参議院名簿登載者（第八十六条の三第一項後段の規定により優先的に当選人となるべき候補者としてその氏名及び当選人となるべき順位が参議院名簿に記載されている者を除く。）一人について、通常葉書　十五万枚、中央選挙管理会に届け出た二種類以内のビラ　二十五万枚

二～七　（略）

2～11　（略）

12　選挙運動のために使用する回覧板その他の文書図画又は看板（プラカードを含む。以下同じ。）の類を多数の者に回覧させることは、第一項から第四項までの頒布とみなす。ただし、第百四十三条第一項第二号に規定するものを同号に規定する自動車又は船舶に取り付けたままで回覧させること、及び公職の候補者（衆議院比例代表選出議員の選挙における候補者で当該選挙と同時に行われる衆議院小選挙区選出議員の選挙における候補者である者以外のもの並びに参議院比例代表選出議員の選挙における候補者たる参議院名簿登載者で第八十六条の三第一項後段の規定により優先的に当選人となるべき候補者としてその氏名及び当選人となるべき順位が参議院名簿に記載されているものを除く。）が第百四十三条第一項第三号に規定するものを着用したままで回覧することは、この限りでない。

　参議院比例代表選出議員の選挙における参議院名簿登載者のうち、特定枠名簿登載者については、通常葉書及びビラの頒布は認めないこととされた。

⑦　インターネットを利用する方法による文書図画の頒布（法第142条の 3 及び第142条の 4 ）

> 第百四十二条の四　第百四十二条第一項及び第四項の規定にかかわら
> ず、次の各号に掲げる選挙においては、それぞれ当該各号に定める
> ものは、電子メールを利用する方法により、選挙運動のために使用
> する文書図画を頒布することができる。
> 　一・二　（略）
> 　三　参議院（比例代表選出）議員の選挙　参議院名簿届出政党等及
> 　　び公職の候補者たる参議院名簿登載者（第八十六条の三第一項後
> 　　段の規定により優先的に当選人となるべき候補者としてその氏名
> 　　及び当選人となるべき順位が参議院名簿に記載されている者を除
> 　　く。）
> 　四〜七　（略）
> 2・3　（略）
> 4　参議院（比例代表選出）議員の選挙において、公職の候補者たる
> 　参議院名簿登載者（第八十六条の三第一項後段の規定により優先的
> 　に当選人となるべき候補者としてその氏名及び当選人となるべき順
> 　位が参議院名簿に記載されている者に限る。）が、電子メールを利
> 　用する方法により選挙運動のために行う文書図画の頒布は、第一項
> 　の規定により当該参議院名簿登載者に係る参議院名簿届出政党等が
> 　行う文書図画の頒布とみなす。この場合における第二項の規定の適
> 　用については、同項中「送信をする者（その送信をしようとする者」
> 　とあるのは、「送信をする参議院名簿登載者（その送信をしようと
> 　する参議院名簿登載者」とする。
> 5〜7　（略）

**・特定枠名簿登載者はインターネットを利用して選挙運動用文書
図画を頒布することができる**

　ウェブサイト等を利用する方法による文書図画の頒布について規
定する法第142条の3は改正されておらず、特定枠名簿登載者も
同条の規定による文書図画の頒布は可能である。

また、電子メールを利用する方法による文書図画の頒布について規定する法第142条の4について、第1項においては、頒布可能主体である参議院名簿登載者から特定枠名簿登載者が除かれているが、一方で第4項においては、特定枠名簿登載者が行う電子メールを利用する方法による文書図画の頒布は参議院名簿届出政党等が行う文書図画の頒布とみなすこととされていることから、結局のところ、特定枠名簿登載者も電子メールを利用する方法による文書図画の頒布を行うことができる。これは衆議院比例代表選出議員の選挙における衆議院名簿登載者と同様である。

⑧ 文書図画の掲示（法第143条）

第百四十三条　選挙運動のために使用する文書図画は、次の各号のいずれかに該当するもの（衆議院比例代表選出議員の選挙にあつては、第一号、第二号、第四号、第四号の二及び第五号に該当するものであつて衆議院名簿届出政党等が使用するもの）のほかは、掲示することができない。
　一・二　（略）
　三　公職の候補者（参議院比例代表選出議員の選挙における候補者たる参議院名簿登載者で第八十六条の三第一項後段の規定により優先的に当選人となるべき候補者としてその氏名及び当選人となるべき順位が参議院名簿に記載されているものを除く。）が使用するたすき、胸章及び腕章の類
　四～四の三　（略）
　五　前各号に掲げるものを除くほか、選挙運動のために使用するポスター（参議院比例代表選出議員の選挙にあつては、公職の候補者たる参議院名簿登載者（第八十六条の三第一項後段の規定により優先的に当選人となるべき候補者としてその氏名及び当選人と

　　なるべき順位が参議院名簿に記載されている者を除く。）が使用
　するものに限る。）
　2～（略）

・特定枠名簿登載者の文書図画の掲示は認められない

　特定枠名簿登載者については、法第143条第1項に規定する文
書図画はいずれも掲示することができないものとされた。なお、同
項第3号及び第5号については、規定上明示的に掲示可能主体
である参議院名簿登載者から特定枠名簿登載者が除かれている
が、第1号については法第130条の規定において選挙事務所の設
置が認められていないことから、第2号については法第141条の規
定において選挙運動用自動車等の使用が認められていないことか
ら、第4号から第4号の3までについては、後述のとおり個人演
説会の開催が認められていないことから、それぞれ特定枠名簿登
載者は掲示できない。

⑨ 公営施設使用の個人演説会等（法第161条から第164条の3まで）

　第百六十一条　公職の候補者（衆議院比例代表選出議員の選挙におけ
　　る候補者で当該選挙と同時に行われる衆議院小選挙区選出議員の選
　　挙における候補者である者以外のもの並びに参議院比例代表選出議
　　員の選挙における候補者たる参議院名簿登載者で第八十六条の三第
　　一項後段の規定により優先的に当選人となるべき候補者としてその
　　氏名及び当選人となるべき順位が参議院名簿に記載されているもの
　　を除く。次条から第百六十四条の三までにおいて同じ。）、候補者届
　　出政党及び衆議院名簿届出政党等は、次に掲げる施設（候補者届出

政党にあつてはその届け出た候補者に係る選挙区を包括する都道府県の区域内にあるもの、衆議院名簿届出政党等にあつてはその届け出た衆議院名簿に係る選挙区の区域内にあるものに限る。）を使用して、個人演説会、政党演説会又は政党等演説会を開催することができる。

一～三（略）、2～4（略）

・特定枠名簿登載者は個人演説会を開催できない

特定枠名簿登載者については、法第161条に規定する公営施設を使用した個人演説会の開催は認めないこととされた。

また、同条第1項の規定において、法第161条の2から第164条の3までの規定における「公職の候補者」についても特定枠名簿登載者を除くこととされていることから、公営施設以外の施設使用の個人演説会等も認められないことに留意が必要である。

⑩ 街頭演説（法第164条の5）

第百六十四条の五　選挙運動のためにする街頭演説（屋内から街頭へ向かつてする演説を含む。以下同じ。）は、次に掲げる場合でなければ、行うことができない。

一　演説者がその場所にとどまり、次項に規定する標旗を掲げて行う場合（参議院比例代表選出議員の選挙においては、公職の候補者たる参議院名簿登載者で第八十六条の三第一項後段の規定により優先的に当選人となるべき候補者としてその氏名及び当選人となるべき順位が参議院名簿に記載されている者以外のものの選挙運動のために行う場合に限る。）

二（略）、2～4（略）

　参議院比例代表選出議員の選挙において、特定枠名簿登載者が選挙運動のための街頭演説を行うことは認められないこととされた。

⑪ 選挙公報（法第167条及び第168条）

第百六十七条

（略）

2　都道府県の選挙管理委員会は、衆議院（比例代表選出）議員の選挙においては衆議院名簿届出政党等の名称及び略称、政見、衆議院名簿登載者の氏名、経歴及び当選人となるべき順位等を掲載した選挙公報を、参議院（比例代表選出）議員の選挙においては参議院名簿届出政党等の名称及び略称、政見、参議院名簿登載者の氏名、経歴及び写真（第八十六条の三第一項後段の規定により優先的に当選人となるべき候補者としてその氏名及び当選人となるべき順位が参議院名簿に記載されている者である参議院名簿登載者にあつては、氏名、経歴及び当選人となるべき順位。次条第三項及び第百六十九条第六項において同じ。）等を掲載した選挙公報を、選挙（選挙の一部無効による再選挙を除く。）ごとに、一回発行しなければならない。

3〜5（略）

第百六十八条（略）、2（略）

3　参議院（比例代表選出）議員の選挙において参議院名簿届出政党等が選挙公報にその名称及び略称、政見、参議院名簿登載者の氏名、経歴及び写真等の掲載を受けようとするときは、その掲載文を具し、当該選挙の期日の公示又は告示があつた日から二日間に、中央選挙管理会に、文書で申請しなければならない。この場合において、当該参議院名簿届出政党等は、当該掲載文の二分の一以上に相当する部分に、第八十六条の三第一項後段の規定により優先的に当選人となるべき候補者としてその氏名及び当選人となるべき順位が参議院名簿に記載されている者である参議院名簿登載者以外の参議院名簿

登載者については、各参議院名簿登載者の氏名及び経歴を記載し、並びに写真を貼り付け、同項後段の規定により優先的に当選人となるべき候補者としてその氏名及び当選人となるべき順位が参議院名簿に記載されている者である参議院名簿登載者については、その他の参議院名簿登載者の氏名、経歴及び写真と区分して、優先的に当選人となるべき候補者である旨を表示した上で、各参議院名簿登載者の氏名、経歴及び当選人となるべき順位を記載すること等により、参議院名簿登載者の紹介に努めるものとする。

4 （略）

・選挙公報には特定枠名簿登載者の氏名、経歴、当選人となるべき順位等を掲載する

　選挙公報について、特定枠名簿登載者については、氏名、経歴及び当選人となるべき順位等を掲載することとされた（法第167条第2項）。

　また、参議院名簿届出政党等が選挙公報の掲載文の申請をするに際し、特定枠名簿登載者については、非拘束名簿式名簿登載者の氏名、経歴及び写真と区分して、特定枠名簿登載者である旨を表示した上で、氏名、経歴及び当選人となるべき順位を記載することとされた（法第168条第3項）。

（※）P59～60に掲載の法第168条の条文は改正時のもの。同条は令和元年5月15日公布の「国会議員の選挙等の執行経費の基準に関する法律及び公職選挙法の一部を改正する法律」（令和元年法律第1号）により改正された。改正内容についてはP116～117を参照してください。

⑫ 氏名等掲示（法第175条関係）

第百七十五条　市町村の選挙管理委員会は、各選挙につき、その選挙の当日、衆議院（比例代表選出）議員の選挙にあつては投票所内の投票の記載をする場所に衆議院名簿届出政党等の名称及び略称の掲示並びに投票所内のその他の適当な箇所に衆議院名簿届出政党等の名称及び略称並びに衆議院名簿登載者の氏名及び当選人となるべき順位の掲示を、参議院（比例代表選出）議員の選挙にあつては投票所内の投票の記載をする場所その他適当な箇所に参議院名簿届出政党等の名称及び略称並びに参議院名簿登載者の氏名（第八十六条の三第一項後段の規定により優先的に当選人となるべき候補者としてその氏名及び当選人となるべき順位が参議院名簿に記載されている者である参議院名簿登載者にあつては、氏名及び当選人となるべき順位。次項において同じ。）の掲示を、その他の選挙にあつては投票所内の投票の記載をする場所その他適当な箇所に公職の候補者の氏名及び党派別（衆議院小選挙区選出議員の選挙にあつては、当該候補者に係る候補者届出政党の名称。以下この条において同じ。）の掲示をしなければならない。ただし、第四十六条の二第一項に規定する方法により投票を行う選挙にあつては、この限りでない。

2・3（略）

4　参議院（比例代表選出）議員の選挙における第一項の各参議院名簿届出政党等に係る参議院名簿登載者（第八十六条の三第一項後段の規定により優先的に当選人となるべき候補者としてその氏名及び当選人となるべき順位が参議院名簿に記載されている者を除く。）の氏名の掲示の掲載の順序は、参議院名簿に記載された氏名の順序（同条第二項において準用する第八十六条の二第九項の規定による届出があるときは、当該参議院名簿に記載された氏名の次に、当該届出に係る文書に記載された氏名をその記載された順序のとおりに加えた氏名の順序）による。

5　参議院（比例代表選出）議員の選挙における第一項の各参議院名簿届出政党等に係る第八十六条の三第一項後段の規定により優先的

に当選人となるべき候補者としてその氏名及び当選人となるべき順位が参議院名簿に記載されている者である参議院名簿登載者の氏名及び当選人となるべき順位の掲示をする場合においては、当該参議院名簿届出政党等に係るその他の参議院名簿登載者の氏名と区分して、優先的に当選人となるべき候補者である旨を表示した上で、当該その他の参議院名簿登載者の氏名の次に、当該掲示の掲載をするものとする。

6　第八項前段に規定する場合を除くほか、第二項の掲示の掲載の順序は、第三項本文のくじで定める順序（参議院比例代表選出議員の選挙にあつては同項本文のくじで定める順序及び第四項に規定する順序、衆議院比例代表選出議員又は参議院比例代表選出議員の選挙以外の選挙において第十八条第二項の規定により当該選挙の行われる市町村の区域（当該区域が二以上の選挙区に分かれているときは、当該選挙区の区域）が数開票区に分かれている場合にあつては当該市町村の選挙管理委員会が指定する一の開票区（当該選挙の行われる市町村の区域が二以上の選挙区に分かれているときは、当該市町村の選挙管理委員会が選挙区ごとに指定する一の開票区）において行う第三項本文のくじで定める順序）による。この場合において、衆議院（比例代表選出）議員又は参議院（比例代表選出）議員の選挙以外の選挙について当該くじを行つた後、第八十六条第八項又は第八十六条の四第五項、第六項若しくは第八項の規定による届出があつたときは、これらの規定による届出のあつた公職の候補者の氏名及び党派別の掲示は、総務省令で定めるところによりするものとする。

7　第五項の規定は、参議院（比例代表選出）議員の選挙における第二項の各参議院名簿届出政党等に係る第八十六条の三第一項後段の規定により優先的に当選人となるべき候補者としてその氏名及び当選人となるべき順位が参議院名簿に記載されている者である参議院名簿登載者の氏名及び当選人となるべき順位の掲示をする場合について準用する。

<u>8</u> 〜 <u>10</u>（略）

・投票所等の氏名等掲示では、非拘束名簿式名簿登載者の氏名
の次に、特定枠名簿登載者の氏名、当選人となるべき順位を掲
示する

　投票所における氏名等掲示について、特定枠名簿登載者につい
ては氏名及び当選人となるべき順位の掲示を行うこと等とされた
（法第175条第 1 項）。期日前投票所又は市町村の選挙管理委員
会が管理する不在者投票記載場所についても同様である（法第
175条第 2 項）。

　また、掲載の順序については、特定枠名簿登載者以外の参議院
名簿登載者の氏名と区分して、特定枠名簿登載者である旨を表示
した上で、特定枠名簿登載者以外の参議院名簿登載者の氏名の
次に掲載することとされた（法第175条第 5 項及び第 7 項）。

⑬ 特殊乗車券等（法第176条関係）

第百七十六条　衆議院（小選挙区選出）議員、参議院議員又は都道府
　県知事の選挙においては、公職の候補者<u>（参議院比例代表選出議員</u>
　<u>の選挙における候補者たる参議院名簿登載者で第八十六条の三第一</u>
　<u>項後段の規定により優先的に当選人となるべき候補者としてその氏</u>
　<u>名及び当選人となるべき順位が参議院名簿に記載されているものを</u>
　<u>除く。以下この条において同じ。）</u>、推薦届出者その他選挙運動に従
　事する者が選挙運動の期間中関係区域内において鉄道事業、軌道事
　業及び一般乗合旅客自動車運送事業に係る交通機関（参議院比例代

表選出議員の選挙にあつては、旅客鉄道株式会社及び日本貨物鉄道株式会社に関する法律（昭和六十一年法律第八十八号）第一条第一項に規定する旅客会社、旅客鉄道株式会社及び日本貨物鉄道株式会社に関する法律の一部を改正する法律（平成十三年法律第六十一号）附則第二条第一項に規定する新会社及び旅客鉄道株式会社及び日本貨物鉄道株式会社に関する法律の一部を改正する法律（平成二十七年法律第三十六号）附則第二条第一項に規定する新会社の旅客鉄道事業及び一般乗合旅客自動車運送事業並びに国内定期航空運送事業に係る交通機関）を利用するため、公職の候補者は、国土交通大臣の定めるところにより、無料で、通じて十五枚（参議院合同選挙区選挙にあつては、三十枚）の特殊乗車券（参議院比例代表選出議員の選挙にあつては、通じて六枚の特殊乗車券（運賃及び国土交通大臣の定める急行料金を支払うことなく利用することができる特殊乗車券をいう。）又は特殊航空券）の交付を受けることができる。

特定枠名簿登載者については、特殊乗車券又は特殊航空券は交付しないこととされた。

（5）選挙運動に関する収支等（法第179条の２）

第百七十九条の二　次条から第百九十七条までの規定は、衆議院（比例代表選出）議員の選挙については、適用しない。

2　次条から第百九十七条の二までの規定は、参議院（比例代表選出）議員の選挙における候補者たる参議院名簿登載者で第八十六条の三第一項後段の規定により優先的に当選人となるべき候補者としてその氏名及び当選人となるべき順位が参議院名簿に記載されているものについては、適用しない。

・特定枠名簿登載者は選挙運動に係る収支報告書の作成、提出が
　不要

　法第179条の 2 第 2 項の規定により、特定枠名簿登載者につい
ては、法第14章の規定中、出納責任者の選任、選挙運動に関す
る収支報告書の提出、選挙運動に関する支出金額の制限等に関す
る規定は適用されないこととされた。

　これは特定枠名簿登載者の有効投票は当該参議院名簿届出政
党等の有効投票として取扱われ、個人に係る得票としての意味を持
たないこと等から、特定枠名簿登載者による選挙運動はすなわち当
該参議院名簿届出政党等に係る選挙運動と観念されることを踏ま
え、選挙運動に関する収支等に係る規定を特定枠名簿登載者個人
に対して適用しないこととしたものと考えられる。これは衆議院比例
代表選出議員の選挙における名簿登載者に係る選挙運動費用等の
取扱いと同じ趣旨である。

（6）政治活動の態様（法第201条の11）

第二百一条の十一　この章の規定による政談演説会及び街頭政談演説
　においては、政策の普及宣伝のほか、所属候補者（参議院比例代表
　選出議員の選挙にあつては当該参議院名簿届出政党等又は当該参議
　院名簿登載者（第八十六条の三第一項後段の規定により優先的に当
　選人となるべき候補者としてその氏名及び当選人となるべき順位が
　参議院名簿に記載されている者を除く。）、都道府県知事又は市長の
　選挙にあつては所属候補者又は支援候補者）の選挙運動のための演
　説をもすることができる。この場合においては、第百六十四条の三

及び第百六十六条（第一号に係る部分に限る。）の規定は政談演説会に、第百六十四条の五の規定は街頭政談演説に適用しない。

2〜11（略）

・政談演説会等で特定枠名簿登載者の選挙運動のための演説を行うことはできない

　参議院比例代表選出議員の選挙において、確認団体である参議院名簿届出政党等が行う政談演説会及び街頭政談演説の中で、当該参議院名簿届出政党等又は当該参議院名簿登載者の選挙運動のための演説を行うことが認められていたが、特定枠名簿登載者の選挙運動のための演説を行うことは認めないこととされた。

　法第14章の3においては他に改正が行われていないので、例えば、政党その他の政治団体が掲示し又は頒布する文書図画に特定枠名簿登載者の氏名等を記載することはできないことになる（法第201条の13第1項第2号）。

（7）争訟（法第204条）

第二百四条　衆議院議員又は参議院議員の選挙において、その選挙の効力に関し異議がある選挙人又は公職の候補者（衆議院小選挙区選出議員の選挙にあつては候補者又は候補者届出政党、衆議院比例代表選出議員の選挙にあつては衆議院名簿届出政党等、参議院比例代表選出議員の選挙にあつては参議院名簿届出政党等又は参議院名簿登載者（第八十六条の三第一項後段の規定により優先的に当選人となるべき候補者としてその氏名及び当選人となるべき順位が参議院

> 名簿に記載されている者を除く。））は、衆議院（小選挙区選出）議員又は参議院（選挙区選出）議員の選挙にあつては当該選挙に関する事務を管理する都道府県の選挙管理委員会（参議院合同選挙区選挙については、当該選挙に関する事務を管理する参議院合同選挙区選挙管理委員会）を、衆議院（比例代表選出）議員又は参議院（比例代表選出）議員の選挙にあつては中央選挙管理会を被告とし、当該選挙の日から三十日以内に、高等裁判所に訴訟を提起することができる。

　参議院議員の選挙の効力に関する訴訟に、特定枠名簿登載者には、公職の候補者たる地位に基づく原告適格は認めないこととされた。ただし、選挙人として訴訟を提起することは可能であることから、実質的な改正はないものということができる。

　なお、参議院議員の当選の効力に関する訴訟については、法第208条において「当選をしなかった者」が訴訟を提起することができると規定しているが、改正が行われていないので、当選をしなかった特定枠名簿登載者も訴訟を提起することができるものと解される。

（8）罰則

① 候補者の選定に関する罪（法第224条の3）

> 第二百二十四条の三　衆議院（小選挙区選出）議員の候補者となるべき者の選定、衆議院名簿登載者の選定又は参議院名簿登載者の選定（第八十六条の三第一項後段の規定により優先的に当選人となるべき候補者としてその氏名及び当選人となるべき順位が参議院名簿に記載される者又は同条第二項において読み替えて準用する第八十六条の二第九項後段の規定により優先的に当選人となるべき候補者と

してその氏名及び当選人となるべき順位が同項の規定による届出に係る文書に記載される者の選定並びにそれらの者の間における当選人となるべき順位の決定を含む。）につき権限を有する者が、その権限の行使に関し、請託を受けて、財産上の利益を収受し、又はこれを要求し、若しくは約束したときは、これを三年以下の懲役に処する。

2・3（略）

　参議院名簿登載者の選定に関する権限を有する者が、その権限の行使に関して請託を受けて、財産上の利益を収受すること等については、処罰対象とされている。特定枠名簿登載者の選定及び当選人となるべき順位の決定についても、同様の悪質な行為を処罰することとし、もってその選定等の公正を担保することとされた。

② 連座制（法第251条の２）

　第二百五十一条の二　次の各号に掲げる者が第二百二十一条、第二百二十二条、第二百二十三条又は第二百二十三条の二の罪を犯し刑に処せられたとき（第四号及び第五号に掲げる者については、これらの罪を犯し禁錮以上の刑に処せられたとき）は、当該公職の候補者又は公職の候補者となろうとする者（以下この条において「公職の候補者等」という。）であつた者の当選は無効とし、かつ、これらの者は、第二百五十一条の五に規定する時から五年間、当該選挙に係る選挙区（選挙区がないときは、選挙の行われる区域）において行われる当該公職に係る選挙において公職の候補者となり、又は公職の候補者であることができない。この場合において、当該公職の候補者等であつた者で衆議院（小選挙区選出）議員の選挙における候補者であつたものが、当該選挙と同時に行われた衆議院（比例代表選出）議員の選挙における当選人となつたときは、当該当選

> 人の当選は、無効とする。
> 一　選挙運動（参議院比例代表選出議員の選挙にあつては、参議院名簿登載者（第八十六条の三第一項後段の規定により優先的に当選人となるべき候補者としてその氏名及び当選人となるべき順位が参議院名簿に記載されている者を除く。）のために行う選挙運動に限る。次号を除き、以下この条及び次条において同じ。）を総括主宰した者
> 二　出納責任者（公職の候補者（参議院比例代表選出議員の選挙における候補者たる参議院名簿登載者で第八十六条の三第一項後段の規定により優先的に当選人となるべき候補者としてその氏名及び当選人となるべき順位が参議院名簿に記載されているものを除く。以下この号において同じ。）又は出納責任者と意思を通じて当該公職の候補者のための選挙運動に関する支出の金額のうち第百九十六条の規定により告示された額の二分の一以上に相当する額を支出した者を含む。）
> 三以下及び２〜５（略）

・**特定枠名簿登載者には連座制は適用されない**

　特定枠名簿登載者については、法第251条の２の連座制を適用しないこととされた。これは、特定枠名簿登載者については、参議院名簿登載者としての選挙運動手段が原則として認められていないこと、特定枠名簿登載者に係る有効投票は参議院名簿届出政党等の有効投票とみなされること等を踏まえ、衆議院比例代表選出議員の選挙に連座制の適用がないこととの均衡も考慮したものと考えられる。

　また、同様の理由で次条（法第251条の３）に規定する組織的選挙運動管理者等の連座制も適用されない。

③ 公務員等に関する特別連座（法第251条の4）

第二百五十一条の四　国又は地方公共団体の公務員、行政執行法人又は特定地方独立行政法人の役員又は職員及び公庫の役職員（公職にある者を除く。以下この条において「公務員等」という。）であつた者が、公務員等の職を離れた日以後最初に公職の候補者（選挙の期日まで公職の候補者であつた場合の公職の候補者に限り、参議院比例代表選出議員の選挙における候補者たる参議院名簿登載者で第八十六条の三第一項後段の規定により優先的に当選人となるべき候補者としてその氏名及び当選人となるべき順位が参議院名簿に記載されているものを除く。）となつた衆議院議員又は参議院議員の選挙（その者が公務員等の職を離れた日以後三年以内に行われたものに限る。）において当選人となつた場合において、次の各号に掲げる者が、当該当選人のために行つた選挙運動又は行為に関し、第二百二十一条、第二百二十二条、第二百二十三条、第二百二十三条の二、第二百二十五条、第二百二十六条、第二百三十九条第一項第一号、第三号若しくは第四号又は第二百三十九条の二の罪を犯し刑に処せられたときは、当該当選人の当選は、無効とする。
一～三（略）、2（略）

・特定枠名簿登載者には公務員等に関する特別連座は適用されない

　公務員等であった者が、その職を離れた日以後最初に候補者となった衆議院議員又は参議院議員の選挙（離職後3年以内に行われたもののみ）で当選した場合に、その者と職務上関係のあった者が一定の選挙犯罪により刑に処せられたときは、当該当選人の当選を無効にすることとされている。

　こうしたいわゆる公務員等に関する特別連座についても、衆議院

比例代表選出議員の選挙について適用がないのと同様に、特定枠名簿登載者については適用しないこととされた。

（9）再立候補の場合の特例（法第271条の4）

第二百七十一条の四　公職の候補者たることを辞した（公職の候補者たることを辞したものとみなされる場合を含む。）後再び当該選挙の公職の候補者となつた者、候補者届出政党の届出に係る候補者であつた者で、当該候補者届出政党が当該届出を取り下げた（当該届出が取り下げられたものとみなされる場合を含む。）後再び当該選挙の候補者となつたもの及び当該届出が却下された（第八十六条第九項第三号に掲げる事由により却下された場合を除く。）後再び当該選挙の候補者となつたもの並びに参議院名簿届出政党等の届出に係る候補者であつた者で公職の候補者たる参議院名簿登載者（第八十六条の三第一項後段の規定により優先的に当選人となるべき候補者としてその氏名及び当選人となるべき順位が参議院名簿に記載されている者を除く。以下この条において同じ。）でなくなつた後再び当該選挙の候補者たる参議院名簿登載者となつたものについては、当該選挙の選挙運動及び選挙運動に関する収入、支出等に関し政令で特別の定めをすることができる。

・再立候補の場合の特例は特定枠名簿登載者には適用されない

　法第271条の4は、再立候補の場合における選挙運動及び選挙運動に関する収入、支出等に関して政令で特別の定めをすることができる旨を規定するものであるが、その射程として、参議院名簿登載者については、再立候補の前後を通じて特定枠名簿登載者は対象から除かれ、非拘束名簿式名簿登載者であった場合に限ること

とされた。

　なお、同条の委任に基づく令第132条の12においては、選挙運動に係る量的規制は再立候補の前後を通じて計算し、同じく令第132条の13においては、選挙運動費用にかかる会計帳簿等の記載や選挙運動費用の法定額については再立候補の前後を通じて記載・計算することが規定されており、これらの規定においても法第271条の４と同趣旨の規定の整備が行われている。

参議院議員選挙制度に関する公職選挙法改正法の概要

```
第1　参議院選挙区選挙における較差の縮小
```
　参議院選挙区選出議員の定数を148人（現行146人）とした上で、埼玉県選挙区の改選定数を4人（現行3人）とする。
　※　最大較差は福井県と宮城県の間の2.985倍に縮小（平成27年国勢調査日本国民人口）

```
第2　参議院比例代表選挙における定数の増加と特定枠制度の導入
```
1　定数の増加
　参議院比例代表選出議員の定数を100人（現行96人）とする。
2　特定枠制度の導入
　参議院比例代表選挙について、候補者の顔の見える、国民が当選者を決定する選挙とする観点から導入された非拘束名簿式を基本的に維持しつつ、全国的な支持基盤を有するとはいえないが国政上有為な人材あるいは民意を媒介する政党がその役割を果たす上で必要な人材が当選しやすくなるよう、次のような特定枠制度を導入する。

○優先的に当選人となるべき候補者の区分記載
　政党その他の政治団体（政党等）は、候補者とする者のうちの一部の者について、優先的に当選人となるべき候補者として、その氏名及びそれらの者の間における当選人となるべき順位をその他の候補者とする者の氏名と区分して名簿に記載することができる（特定枠）。

【名簿のイメージ】
候補者A
候補者B
：
優先的に当選人となるべき候補者
第1位　候補者X
第2位　候補者Y
：

○特定枠に記載されている候補者の有効投票
　特定枠に記載されている候補者の有効投票は、政党等の有効投票とみなす。

○特定枠に記載されている候補者の選挙運動
　特定枠に記載されている候補者には、参議院名簿登載者個人としての選挙運動（選挙事務所、自動車、ビラ、ポスター、個人演説会等）を認めない。

○投票所の掲示
　特定枠の候補者の氏名及び順位は、特定枠以外の候補者と区分して、特定枠以外の候補者の次に掲載する。

○候補者の間における当選順位
　特定枠の候補者があるときは、
・特定枠に記載されている候補者を上位とし（名簿記載の順位のとおりに当選人とする）、
・その他の名簿登載者についてその得票数の最も多い者から順次に定める。

【当選順位のイメージ】（特定枠 χ 人）
第1位　候補者X
第2位　候補者Y
：
→特定枠記載者を名簿記載の順位のとおりに当選人とする

第 χ+1位　候補者B
第 χ+2位　候補者A
→特定枠以外の者について得票数の最も多い順

※　公布後3月を経過した日（平成30年10月25日）から施行し、施行日以後に期日が公示される参議院議員の通常選挙については改正後の公職選挙法を適用

出典「総務省ホームページ」

[2] 背景、成立に至る経緯

1. 平成27年改正法附則

　参議院選挙区選出議員の選挙制度については、一票の較差是正の観点から定数に関し、これまでに平成6年、平成18年、平成24年、平成27年に○増○減という形、すなわち総定数を維持した形で改正が行われてきた（P75 表参照）。また、平成12年には定数削減が行われたが、この際には較差をこれ以上拡大しないようにした旨が説明されている。一方、比例代表選出議員の選挙制度については、昭和57年にそれまでの全国区制が廃止されて拘束名簿式比例代表制が導入された。その後平成12年に、非拘束名簿式比例代表制に移行するとともに、選挙区選出議員と同様、定数の削減が行われた。

　平成27年には、4県2合区を含む10増10減を内容とする公職選挙法の一部を改正する法律（平成27年法律第60号。以下「平成27年改正法」という）が成立した。これは、参議院の正副議長及び各会派代表者1名で構成される「選挙制度の改革に関する検討会」とその下に設けられた実務者による「選挙制度協議会」において、参議院議員の選挙の定数較差問題について抜本的な見直しが検討されたものの、各会派の意見の一致を見なかったことから、自由民主党、維新の党、次世代の党、日本を元気にする会・無所属会及び新党改革・無所属の会の5会派により提案されたものである（会派名はいずれも当時のもの）。

参議院選挙区選出議員の定数是正の変遷

	平成6年改正前	平成6年改正(8増8減)	平成12年改正(比4減選6減)	平成18年改正(4増4減)	平成24年改正(4増4減)	平成27年改正(2合区含10増10減)	平成30年改正(比4増選2増)
北海道	8	→4 (−4)				→6 (+2)	
宮城県	2	→4 (+2)				→2 (−2)	
福島県	4				→2 (−2)		
栃木県	4			→2 (−2)			
群馬県	4			→2 (−2)			
埼玉県	4	→6 (+2)					→8 (+2)
千葉県	4			→6 (+2)			
東京都	8			→10 (+2)		→12 (+2)	
神奈川県	4	→6 (+2)			→8 (+2)		
新潟県	4					→2 (−2)	
長野県	4					→2 (−2)	
岐阜県	2	→4 (+2)			→2 (−2)		
愛知県	6					→8 (+2)	
大阪府	6				→8 (+2)		
兵庫県	6	→4 (−2)				→6 (+2)	
鳥取県	2					→2	
島根県	2					→2 (−2)	
岡山県	4		→2 (−2)				
徳島県	2					→2	
高知県	2					→2 (−2)	
福岡県	6	→4 (−2)				→6 (+2)	
熊本県	4		→2 (−2)				
鹿児島県	4		→2 (−2)				

上記以外の府県は、当初より定数の変更なし

出典「選挙時報　平成30年12月号」

平成27年改正法では、附則第 7 条において「平成31年に行われる参議院議員の通常選挙に向けて、参議院の在り方を踏まえて、選挙区間における議員 1 人当たりの人口の較差の是正等を考慮しつつ選挙制度の抜本的な見直しについて引き続き検討を行い、必ず結論を得るものとする」との検討事項が盛り込まれた。

2. 選挙制度に関する専門委員会における検討等

（１）選挙制度に関する専門委員会の設置

　平成27年改正法附則に選挙制度の抜本的な見直しが盛り込まれたことを踏まえ、平成28年参議院議員通常選挙後の平成29年 2 月に、参議院の組織及び運営に関する諸問題を調査検討するため各会派代表により設置された「参議院改革協議会」（吉田博美座長。以下「協議会」という）の下に、参議院選挙制度の改革について調査検討を行うための組織を設置することが同年 4 月21日に決定され、参議院の各会派の代表者11名で構成される「選挙制度に関する専門委員会」（岡田直樹委員長。以下「専門委員会」という）が設置されることとなった。専門委員会では、同年 5 月12日の第 1 回協議以後、まず、平成28年参議院議員通常選挙に対する評価について、有識者及び地方公共団体関係者等からの意見聴取が行われた。

（２）平成29年 9 月27日最高裁判決

　専門委員会での検討が行われている最中の平成29年9月27日、最高裁大法廷は平成28年参議院議員通常選挙に係る定数訴訟（最大較差は平成22年国勢調査人口で1対2.97倍、選挙人数で1対3.08倍）について合憲と判示した。

　この判決の中では、都道府県を選挙区の単位とすることについて、「政治的に一つのまとまりを有する単位である都道府県の意義や実体等を一つの要素として考慮すること自体が否定されるべきものであるとは言えず、投票価値の平等の要請との調和が保たれる限りにおいて、このような要素を踏まえた選挙制度を構築することが直ちに国会の合理的な裁量を超えるものとは解されない」とし、平成27年改正法について「長期間にわたり投票価値の大きな較差が継続する要因となっていた上記の仕組みを見直すべく、人口の少ない一部の選挙区を合区するというこれまでにない手法を導入して行われたものであり、これによって選挙区間の最大較差が上記の程度にまで縮小したのであるから、同改正は前記の参議院議員選挙の特性を踏まえ、平成24年大法廷判決及び平成26年大法廷判決の趣旨に沿って較差の是正を図ったものとみることができる。また、平成27年改正法は、その附則において次回の通常選挙に向けて選挙制度の抜本的な見直しについて引き続き検討を行い、必ず結論を得る旨を定めており、これによって、今後における投票価値の較差のさらなる是正に向けての方向性と立法府の決意が示されるとともに、再び上記のような大きな較差を生じさせることのないよう配慮されているものということができる。そうすると、平成27年改正は都道府

県を各選挙区の単位とする選挙制度の仕組みを改めて、長年にわたり選挙区間における大きな投票価値の不均衡が継続してきた状態から脱せしめるとともに、更なる較差の是正を指向するものと評価することができる」と判示した。

（3）最高裁判決後から専門委員会報告書提出までの動き

　専門委員会では、平成29年10月6日の第7回会合で、最高裁判決について説明を聴取して以降、それまでの参考人及び専門委員の意見について論点整理した上で委員間での協議が進められた。協議の中では、一票の較差、選挙制度の枠組みとそれに基づく議員定数の在り方、都道府県単位を基本とする選挙の枠組み、選挙区及び比例代表の二本立てとする場合の選挙区選挙の仕組み等のテーマごとに議論が行われた。

　その後、平成30年2月16日の第15回会合で、それまでの議論を持ち帰り、各会派において意見集約を行った上で、選挙制度改革の具体的な方向性について協議することとされ、4月13日の第16回会合では、各会派から意見集約の結果が報告された。選挙制度としては比例代表選挙と選挙区選挙を維持する意見、憲法改正による合区の解消を図るべきとする意見、ブロック選挙区制に一本化すべきとする意見等、各会派による意見が提示されるとともに、議員定数についても増加もやむを得ない、現状を維持すべき、削減すべき等、さまざまな意見が提示された。

　その後、4月27日の第17回専門委員会で専門委員長から主に次のような発言があった。

・専門委員会での協議を通じて、選挙制度改革を考える上で必要な論点はかなり丁寧に整理され、参議院の選挙制度の枠組みに関して考えられる選択肢も網羅されてきたのではないか。

・参議院の選挙制度の見直しに当たっては、中長期的な観点と短期的な観点の双方を意識して議論すべきという点が指摘された。

　特に中長期的な観点については、統治機構や二院制、とりわけ参議院の在り方や果たすべき役割について議論し、その上で、それを踏まえた選挙制度や議員定数の在り方を検討すべきとの意見があった。

・一方、現行の選挙区及び全国比例の二本立ての制度を念頭に置いた場合の選挙区選挙については、現行の一部合区を含む都道府県選挙区の制度について、人口の少ない特定の県のみが参議院議員を選出できなくなる不合理や弊害が生じているとの指摘があり、合区を積極的に支持する意見は少なかった。

・その上で合区解消の方法については、選挙区の単位を都道府県単位とする意見と、もっと広くブロック単位とするべきであるとの意見があり、中には現行の選挙区及び全国比例の二本立てを前提とせずに、ブロック単位の選挙区における選挙に一本化するべきとの意見もあった。ただ、各会派の意見を伺うと、総じて都道府県単位を重視すべきとの意見が多く聴かれた。

・すべての都道府県から少なくとも1名の議員が選出される都道府

県選挙区とする方法として、連記制、奇数配当区の導入、定数増などの選択肢も示された。その一方で、都道府県選挙区とすることに関連して、投票価値の平等、一票の較差や最高裁判決を踏まえて考えなければならないという意見もあった。

　また、ブロック単位の選挙区とすべきという意見の中にも、各ブロックの定数について、区域内の都道府県数を意識した考え方、都道府県数を確保できるよう調整を加えて配分すべきとの考え方も示された。

・専門委員会における議論を踏まえ、一致点をできるだけ見出すことができないか、個別の意見交換も含めて、各専門委員から率直な意見を伺ってきた。ただ、現時点で、なお意見の隔たりがあることも事実である。しかし、違いこそあれ、この間の議論を通じて、各会派の考え方はお互いに認識され、整理されてきたとも考えている。

・専門委員会としては、議論の整理をベースにして報告書を取りまとめ、協議会に報告する時期が来たのではないかと感じている。今後残された時間も考慮すれば、協議会から与えられたテーマについて報告する時期に来ていると判断している。

　以上の専門委員長発言を受けたその後の意見交換において、すべての会派が専門委員会としての議論の取りまとめに賛同することとなったことを受け、専門委員会における議論の経緯や各会派の意見を併記した報告書が取りまとめられ、平成30年5月7日、専門

委員長から協議会座長に対し報告がなされ、参議院の在り方も踏まえ、協議会の場で選挙制度が議論されることとなった。

選挙制度に関する専門委員会の開催経過

回（開催日）	内容
第1回（H29.5.12）	参議院選挙制度の経緯についての事務局から説明聴取。専門委員会の運営、今後の進め方について議論。
第2回（H29.6.2）	平成28年参議院定数訴訟に係る高裁判決の概要について事務局から説明聴取。
第3回（H29.7.7）～第6回（H29.9.11）	平成28年参議院議員通常選挙に対する評価について、有識者、地方公共団体関係者等から意見聴取。
第7回（H29.10.6）	平成28年参議院定数訴訟に係る最高裁判決の概要について事務局から説明聴取。
第8回（H29.11.9）	今後の専門委員会の進め方について協議。
第9回（H29.11.17）	参議院選挙制度改革に対する考え方について意見交換。「参議院の在り方」の議論について、参議院改革協議会の行方を見ることを確認。
第10回（H29.12.1）	参議院選挙制度の改革のうち一票の較差について協議。
第11回（H29.12.8）	参議院選挙制度の改革のうち選挙制度の枠組みとそれに基づく議員定数の在り方について協議。
第12回（H29.12.19）	参議院選挙制度の改革のうち都道府県単位を基本とする選挙区の枠組みについて協議。
第13回（H30.1.25）	参議院選挙制度の改革のうち専門委員会における専門委員の協議を通じた議論の整理。
第14回（H30.2.2）	参議院選挙制度の改革のうち選挙区及び比例代表の二本立てとする場合の選挙区選挙の仕組み（連記制、奇数配当区、ブロック選挙区その他選挙区及び比例代表の二本立てとする場合の選挙制度の在り方全般）について協議。
第15回（H30.2.16）	専門委員会における専門委員の協議を通じた議論の整理。参議院選挙制度の改革のうち選挙区及び比例代表の二本立てとしない場合を含めた選挙制度の在り方全般について協議。今後の進め方について、各会派において意見集約を行った上で協議することを確認。
第16回（H30.4.13）	選挙制度改革の具体的な方向性について、各会派からの意見集約の結果の聴取、意見交換。
第17回（H30.4.27）	合区解消した上で較差3.08倍以下とする場合の試算結果についての説明聴取後、意見交換。報告書を作成し、参議院改革協議会に提出することを決定。

出典「選挙時報 平成30年12月号」

3. 改正法提出までの経緯

（1）協議会における議論

　専門委員会の報告書の提出後、平成30年5月9日の協議会において、専門委員長から報告書の概要について報告があり、各会派が持ち帰り検討することとなった。その後、各会派間において法制化に向け目立った協議は行われていなかったが、6月1日の協議会において自由民主党から各会派に対し、

・選挙区選出議員の定数を2人増加して148人とした上で、増加する2人を埼玉県に配分して改選定数を4人とし、選挙区間の最大較差を3倍未満とすること（最大較差は、平成27年国勢調査日本国民人口で宮城県と福井県の間で1対2.98倍となる）
・比例代表選出議員の定数を4人増加して100人とするとともに、優先的に当選人となるべき候補者の区分（特定枠制度）を導入することを、主な内容とする「公職選挙法改正に関する自民党の考え方について」が提示され、意見交換が行われた。

　6月8日の協議会では、自由民主党の提案に対し、各会派から提起のあった意見等を含め、協議の状況について参議院議長に報告することとなり、協議会座長から参議院議長への報告が行われた。

（2）各会派による公職選挙法改正案の提出

　平成30年6月13日、14日に各会派代表者懇談会における協議

が行われ、また参議院議長において各会派から個別の意見聴取が行われたが、会派間の隔たりは埋まることなく、7月4日の代表者懇談会において参議院議長から各会派に対し、具体案のある会派は法案を提出し、国会の委員会において議論を進めることが要請された。

　自由民主党・こころ及び無所属クラブからは、既に先立つ6月14日に「公職選挙法改正に関する自民党の考え方について」の内容に沿った「公職選挙法の一部改正する法律案（橋本聖子君外11名提出、参法第17号。以下「自民案」という）が提出されていたが、議長からの要請に応じる形で、他の会派からも相次いで法案が提出された。

　具体的には、

・7月4日、公明党から現行の比例代表選挙及び選挙区選挙に代えて全国の区域を11に分けて個人名投票を行わせる大選挙区制導入を内容とする「公職選挙法の一部を改正する法律案（西田実仁君外1名提出、参法第21号。以下「公明案」という）」が、

・同日、国民民主党・新緑風会から、選挙区選挙の定数を2人増加させた上で、増加する2人を埼玉県選挙区に配分して改選定数を4人とするとともに、比例代表選出議員選挙の定数を2人減少させることを内容とする「公職選挙法の一部を改正する法律案（大野元裕君外2名提出、参法第22号。以下、「国民案」という）」が、

・7月6日、日本維新の会から、参議院議員の定数を24人減少

させ218人とするとともに、現行の比例代表選挙及び選挙区選挙に代えて、全国の区域を11に分けて個人名投票を行わせる大選挙区制導入を内容とする「公職選挙法の一部を改正する法律案（浅田均君提出、参法第24号。以下、「維新案」という）」が、

・7月9日、立憲民主党・民友会及び希望の党から、最も議員1人あたり人口が少ない福井県とその隣県のうち人口の最も少ない石川県を合区して定数を2人削減するとともに、最も議員1人あたり人口が大きい埼玉県選挙区を2人増加して改選定数を4人とすることを内容とする「公職選挙法の一部を改正する法律案（難波奨二君外1名提出、参法第25号。以下、「立憲・希望案」という）」が、

それぞれ国会に提出された。

4. 国会における審議経過等

（1）参議院での審議経過

　参議院では7月4日に自民案、公明案、国民案が、7月6日に維新案が政治倫理の確立及び選挙制度に関する特別委員会に付託され、同日の委員会でこれら4案について発議者からそれぞれ趣旨説明が行われ、質疑が行われた。また、7月9日に立憲・希望案が同委員会に付託され、同日の委員会において発議者から趣旨説明が行われ、これらの5案について質疑が行われた。同日の委員会では、公明案について質疑が終局し、採決の結果、否決

された。

　7月11日の委員会では、自民案、国民案、維新案、立憲・希望案の4案について質疑が行われた。質疑後、自由民主党から、自民案について質疑を終局し、討論を省略して直ちに採決を行うことを内容とする動議が提出されたが、国民民主党、立憲民主党、日本共産党、希望の会及び沖縄の風から政治倫理の確立及び選挙制度に関する特別委員長の不信任動議が提出されたため、まず不信任動議について趣旨説明、討論が行われ、採決の結果、不信任動議は賛成少数により否決された。続いて自民案についての採決を求める自由民主党提出の動議が可決され、自民案は採決の結果、自由民主党・こころ、公明党などの賛成多数をもって可決された。採決後、自由民主党・こころ及び公明党から改正法案に対する附帯決議案が提出され、賛成多数により可決された。

公職選挙法の一部を改正する法律案に対する附帯決議

　本院は、本法施行に当たり、次の事項についてその実現に努めるべきである。
一、今後の参議院選挙制度改革については、憲法の趣旨にのっとり、参議院の役割及び在り方を踏まえ引き続き検討を行うこと。
二、参議院議員の定数の増加に伴い、参議院全体の経費が増大することのないよう、その節減について必要かつ十分な検討を行うこと。
　　右決議する。

　その後、同日の参議院本会議において、自民案についての討論と、自民案、公明案の採決が行われ、先に公明案が賛成少数で

否決された後、自民案が賛成多数によって可決され、衆議院に送付された。

　なお、国民案、維新案、立憲・希望案については採決されることなく、第196回国会（通常国会）の閉会により審査未了・廃案となった。

（2）衆議院での審議経過

　衆議院においては、7月13日に自民案が政治倫理の確立及び公職選挙法改正に関する特別委員会に付託され、同日発議者から趣旨説明が行われ、質疑が行われた。

　7月17日には、同じく委員会で質疑が行われるとともに、質疑を終局し、採決の結果、自由民主党、公明党の賛成多数により可決された。

　そして、翌18日の衆議院本会議において賛成多数により可決し、成立した。

（3）審議の概要

　自民案の審議においては、協議会での議論と自民案提出の関係、平成27年改正法附則との関係、議員定数が増加することになったことや特定枠制度導入について、質疑、議論が交わされた。

<主な質疑>

平成 30 年 7 月 6 日（●）及び同月 9 日（○）　参議院　政治倫理の確立及び選挙制度に関する特別委員会　会議録（抄）

（改正の趣旨、経緯等）

●質疑者（こやり隆史議員）：（略）まず自民党・こころ、無所属クラブの提出された改正法案の趣旨につきまして、まず改めて簡単に御説明をいただきたいというふうに思っております。

●発議者（岡田直樹議員）：お答え申し上げます。
　今回の改正案は、御指摘のあったとおり、平成 27 年改正公職選挙法の附則やその改正を合憲といたしました平成 29 年最高裁判決の趣旨を踏まえて、最新の平成 27 年国勢調査人口によれば、埼玉県、福井県の間で 3.07 倍になっている最大較差を 3 倍未満に是正するといった趣旨を第一に持っているものであります。
　同時に、地方 6 団体で行われた合区解消に関する決議、また現時点で 35 もの県議会で採択された意見書を受けまして、都道府県単位の地方の声を国政に届けるとともに、現代社会においては様々な民意の多様化ということがございます。そうした少数意見や様々な意味での多様な民意を代表するそうした議員が参議院で働くことができることを可能にする、こうした目的を達成しようとする趣旨でございます。

○質疑者（石井章議員）：（略）自民党は直近まで改憲による選挙制度の見直しを模索してこられました。そして、来年の選挙のタイムリミットぎりぎりになって、今回いきなり定数 6 増案を持ち出してきたわけでありますが、（略）小手先の党利党略とか目先のことではなくて、そういった、もう侍魂じゃないですけれども、国会議員としてしっかりと抜本的改革をするんだという気構えが今の自民党には見えない。（略）その辺どうでしょうか。

○発議者（岡田直樹議員）：我々は、究極の抜本改革として、憲法改正によって都道府県から少なくとも一人の参議院議員を３年ごとに擁立できるような、そうした憲法改正を目指しております。

　今回については、時間の制約もあり、これは、今回、憲法改正にはよらない方法を提案しておりますけれども、今後ともその侍の気構えで憲法改正に取り組んでいきたいと思います（略）。

●質疑者（こやり隆史議員）：（略）まず一つ目は、来年の参議院選挙、もう一年足らずという逼迫した状況の中ではありますけれども、今回の提出された改正法案については、少しやっぱり急に出てきたのではないかなというような疑問を感じておられる国民の方はたくさんいらっしゃると思います。

　事実としては、先ほども趣旨説明の中でも御説明がありましたけれども、各会派ごとでいろんな議論がなされてきたということはあるんですが、いま一度国民の皆さんにも分かるように、どういう経緯でこうした改正法案が出てきたのかについて御説明いただきたいというふうに思います。

●発議者（岡田直樹議員）：今御指摘のとおり、今回の私どもの公選法改正案について提出が、あるいは提案が急ではなかったかと、こういう印象を抱かれた方もおられるかもしれません。

　しかし、参議院改革協議会の下に設置された選挙制度専門委員会で17回にわたり精力的かつ有意義な議論が行われ、論点も相当整理をされました。それを踏まえて、我が党は、憲法改正推進本部で取りまとめた憲法改正条文イメージなど合区の解消を目指すとともに、もちろん憲法改正によらない方法も含めて様々な案を検討し議論を重ねてきたところであります。

　この選挙制度専門委員会では、各党とも２県合区の拡大については否定的な流れが大宗を占めたのではないかというふうに理解しておりますし、また、しかしながら、全ての党の理解を得る案を得るには時間が掛かる中で、次回参議院選挙まで一年と、このため、我々は来年

の通常選挙に向けた対応策をまとめることが急務と考えまして、現段階での合区の解消はひとまず見送る一方で、平成27年公選法改正附則の検討条項の見直しをできるだけ実現できる提案を行うこととしたわけであります。

　我が党としては、選挙制度専門委員会での様々な議論も踏まえてまとめた提案を参議院改革協議会に提示し、2回実質的な議論をいただき、質疑や厳しい御意見もいただいたところであります。さらに、議長の下の各会派代表者懇談会でも2回にわたって質問や御意見をいただき、これは大変異例なことと存じますが、法案提出前に書面によって我が党の見解をお示しするなど、誠意ある対応に努めてきたところであり、是非とも御理解を賜りたいと思います。

　この案が急に出たのではないかという指摘については、6月1日に参議院改革協議会で提示をいたしましたが、本法案に関する報道が5月29日になされたということもそのような感情を持たれてしまったことの一因かもしれません。できれば参議院改革協議会で直接各派にお示しをしたいところではございましたが、しかし、報道の自由は尊重されねばなりません。したがって、各会派への提案が前後いたしましたことについては御理解を賜りたいと存じます。

（定数の増加等）

●質疑者（こやり隆史議員）：（略）そうした議論の中でもやっぱり一番国民の皆さんが分かりにくいというのが、これまで定数は削減する方向でずっと議論、何というか、見直しがなされてきた中で、今回定数を6増やすというところが簡単には御理解いただけないんではないかなというふうに思っております。（略）減らしながら、一票の較差も解消しながらという、いろんな制約条件を全て解くということはやっぱりかなり難しいんだというふうに思います。

　他方で、やっぱり定数を増やすということについてはなかなかまだまだ十分浸透していないということかと思いますので、ここで改めて定数を6増やさざるを得ないということについての御説明をお伺いし

たいというふうに思います。

●発議者（石井正弘議員）：（略）この提案では、合区対象県を拡大せずに選挙区の較差拡大を抑制するものといたしまして、選挙区選挙において定数を２人増やし埼玉選挙区に配分をし、最大較差を３倍未満にすることといたしました。また、比例代表選挙におきましては、平成27年改正において４県２合区が導入をされまして、人口減少県の民意を国政に届けることを求める声も高まっているということ、現代社会におきましては民意の多様化が著しいことなどを踏まえまして、参議院創設以来、多様な民意を酌み取ってまいりました全国比例区の定数を４増加することとしたものであります。

　これによりまして、合計６人の増員を願うことになるところでありますが、先ほど述べましたような必要性がありますほか、参議院が衆議院の半数強の定数、定員で同様の審議、調査を行っております。また、その上、行政監視機能の強化など新たな課題に取り組む中で、参議院創設時の定数250人を下回る248人となるように抑制的に配慮して決めたものでありまして、こういった趣旨であることを国民の皆様に十分理解を求めるべく説明をいたしますとともに、参議院全体の経費節減にこれをしっかりと行うということによって理解を求めたいと考えております。

　なお、選挙制度専門委員会におきましては、２県合区を増やすという主張をする会派は極めて少なかったと承知をしております。さらに、複数の会派からは較差是正や合区問題の解決のためには定数増の議論も避けては通れないと、こういった議論が示されたと承知をしているところでございまして、理解を賜りたいと存じます。

○質疑者（行田邦子議員）：（略）定数６増の中で比例代表の定数を４増とする案になっております。ここで素朴な疑問なんですけれども、特定枠を設けたことによって４増するということなんでしょうか。現行の96の中で定数を増やさずに特定枠ということを設けることも十分できたのではないでしょうか。

○発議者（古賀友一郎議員）：（略）比例区の４増についてでございますけれども、我が党は、これまで申し上げておりますとおり、都道府県単位の声を国政に届ける仕組みをつくりたい、こういった趣旨で御提案を申し上げているわけでございます。そこで、現状、４県２合区がなされているというこの状況を踏まえまして、合区によりましてそうした声が届きにくくなると考えられる県が３年の改選ごとに２つあるということでございますので、それを考慮して合計４名分の増員をお願いをしているということでございます。

　特定枠の導入とこの４増は直接リンクするものではございませんけれども、特定枠を導入することによりまして、そうした候補者が当選しやすくなるということでございます。そして、その４増の分を比例区の削減によって捻出しないのかということにつきましては、この比例代表選挙におきます参議院の独自の意義、すなわち専門的有識者を参議院に送るでありますとか、あるいは職能代表を参議院に送る、あるいは少数意見をきちんと反映させる、こういった趣旨の重要性に鑑みまして、今回、削減することなく４増ということでお願いをしているという次第でございます。（略）

●質疑者（こやり隆史議員）：（略）各会派の協力の下、押しボタン式の投票であるとか様々な改革あるいは効率化に向けた努力を参議院としても行ってきたところでありますけれども、これからより一層そうした負担軽減のためのあるいは効率化のための努力をしていかないといけない、示していかないといけないと思うんですけれども、提出者の皆様の御考えをお伺いできればと思います。

●発議者（薬師寺みちよ議員）：（略）具体的に申し上げますと、この定数増に伴う経費につきましては、次期通常選挙が行われます来年、平成31年度におきましては、参議院議員が３人増えます。８か月の在任経費が必要となりますので、１億４千万円の増加と推計がされます。改正後３年間、これは参議院議員まだ３人増という状況でございますので、平年ベースで２億１千万円の増加と推計しているところで

ございます。(略)

　いずれにいたしましても、国民の皆様方へ負担を強いることなく、自らのハウスの運営の効率化によりまして、複雑多様化した国民のニーズを反映できる選挙制度を構築できるかどうか、各党各会派の皆様方とも真摯に協議をいたしまして、経費削減、効率化に努めてまいりたいと思います。

(特定枠の趣旨等)

●質疑者(藤末健三議員):(略) 特に、次の機能強化と併せまして、特定枠を設けた趣旨を是非教えていただきたいと思います。

　私は、いろんな議論はあると思いますけれど、例えば女性が議員として国会に進出していただくこと、あとは、今私は障害者の方々の支援の事務局長をさせていただいています、超党派の議連の。そういう意味では、障害を持った方々がやはり参議院に来ていただいて意見を言っていただくといいんではないかと思ったりしますし、また、様々なマイノリティーの方々の意見を国会に持っていくという意味では特定枠は使え得るんではないかと思っていますが、その点、いかがでございましょうか。

●発議者(磯崎仁彦議員):(略) まず、特定枠を設けた趣旨でございますけれども、やはり今の現代社会、非常に民意は多様化をしているというふうに思っております。それに対してどう応えていくのか、これはやはり私どもとしてもしっかり応えていかなければいけないというふうに思っております。

　その中で、地方の声を国政に反映をさせていく、こういう必要な人材を始めとしまして、全国的な基盤を有しないが国政上有為な人材、あるいは政党が民意を反映する上で必要な人材、こういった人が当選しやすくするために、本改正案では全国比例区の現行の非拘束式の中に一部拘束式の特定枠を導入をしていく、そしてその内容については各政党の御判断に任せていく、こういうことでございます。

　私どもとしましては、先ほど来答弁で出ておりますように、やはり地方の声を国政に反映をしてほしい、こういう切実な声がございますので、特定枠につきましては、人口的に少数派ともいうべき条件不利地域の声を国政に届けるような活用を想定をしておりますけれども、（略）さきに成立をしました政治分野の男女共同参画の推進に関する法律、これを踏まえた女性議員の候補、あるいは病気や障害を持つ人たちの代表者、言わば、いわゆる社会的な要支援者や少数者の代表者、更に言えば、特定分野の専門家ではあるけれどもなかなか国民一般には著名でないようなそういう有為な有識者、こういった方をこの特定枠として国政に送ることができる、そのような活用法があるのではないか、そのように考えております。

○質疑者（青木愛議員）：（略）自民党案の特定枠には２点大きな問題があります。一つは、比例名簿の非拘束式とそして拘束式という相入れない方式を合体させるために、一貫した理論を欠いたいびつな方式になっているということであります。もう一点は、特定の県の候補者を比例名簿の上位に特定枠として登載するわけですから、特定の県が優遇されることになり、別の不公平を、不平等を生むことになると思います。この２点について御見解を伺います。

○発議者（古賀友一郎議員）：（略）この特定枠についてでございますけれども、これは、今回の提案は、非拘束名簿式を維持しつつも、その一部につきまして補完的に拘束式の特定枠が活用できることとしているところでございまして、これによりまして、これまでは当選が難しかった、全国的基盤を有しない等により多数の票を獲得できなくても、そういった有為な人材が当選しやすくなると。あるいは、その政党が、こういった人材を送り出したいというような方を国会に送り出しやすくなるということでございまして、これは、非拘束式、拘束式双方のメリットを生かしまして、多様な民意を国政に反映させるという比例区本来の趣旨に合致するというものであると考えております。
　そしてもう一点でございますが、特定の県を優遇するのではないか

というような御指摘でございますけれども、これにつきましては、まず、少なくともこの法律上、制度上は、特定の人材や地域に限って特定枠が活用ができるような制度にはなっていないということを御理解いただきたいと思います。そこはフラットだということであります。

　そして、我が党といたしましては、地方の声を、切実な声をしっかりと受け止めまして、この特定枠については、合区対象県のような人口的に少数派ともいうべき条件不利地域、こうした声を国政に届けるような、こういった活用を想定はしておりますけれども、これは現状、4県2合区によります弊害が生じていることを考えますと、不平等を生じさせるということにはならないものだと、こういうふうに考えているところでございます。(略)

（4）定数増加への参議院の対応

　今回の法改正による参議院議員定数の増加に伴い、経費削減の必要性を踏まえ、令和元年6月18日、「国会議員の歳費、旅費及び手当等に関する法律」が改正された。この改正により、同法は、参議院議員が、令和元年8月1日から同4年7月31日までの間において、支給を受けた歳費の一部に相当する額を国庫に返納することができるよう、当該返納については、法第199条の2の規定（公職の候補者等の寄附の禁止）を適用しないとする（同法附則第15項）とともに、返納額は月額7万7,000円を目安とするものと定めている（同法附則第16項）。

第3章

投票環境向上方策による改正

（投票管理者等の選任要件の緩和、天災等の場合における開票区の分割、選挙公報の掲載文の電子データによる提出等）

■令和元年法律第1号（令和元年5月15日公布、令和元年6月
　1日施行）

投票管理者及び投票立会人の選任要件の緩和、天災等の場合における開票区の分割、選挙公報の掲載文の電子データによる提出等

[1] 改正の概要

1. 投票管理者及び投票立会人の選任要件の緩和等

（1）投票管理者の選任要件の緩和（法第37条）

> 第三十七条　各選挙ごとに、投票管理者を置く。
> 2　投票管理者は、<u>選挙権を有する者</u>の中から市町村の選挙管理委員
> 　会の選任した者をもつて、これに充てる。
> 3〜5（略）
> 6　投票管理者は、選挙権を有しなくなつたときは、その職を失う。
> 7（略）

・投票管理者の選任要件を「選挙権を有する者」に緩和

　投票管理者は、投票所の最高責任者として投票に関する事務全般を担任する者であり、その選任要件はこれまで「当該選挙の選挙権を有する者」とされていた。投票管理者の担任事務は複雑かつ多岐にわたるものであるほか、選挙の規定に違反することなく円滑に投票事務を執行する必要があることから、実務上は市町村職員

（特に管理職の職員）が選任されている例も少なからずある。

　投票管理者の選任要件については、選挙人の公益代表として投票事務を管理執行することから、自ら選挙に参加できる者によって当該選挙の手続を行うのが好ましいとの立法者の判断を反映したものと考えられるが、職住分離の進行による市外在住の職員の増加、地方公務員数の減少などにより、特に市町村の議会の議員及び長の選挙においては、従来の選任要件では適任者の確保に懸念が生じており、この状況が続くことが投票所の統廃合につながることが指摘されていた。

　今回の改正により「当該選挙の選挙権を有する者」の中から選任することとされていた投票管理者の選任要件について、投票管理者の役割、その確保を容易にする要請、地方からの要請、期日前投票の投票管理者の選任要件（＝選挙権を有する者）とのバランスにかんがみ、「選挙権を有する者」に緩和することとされた。

　また、これに合わせて、投票管理者に事故があり又は投票管理者が欠けた場合にその職務を代理すべき者（職務代理者）についても、同様に選任要件が「選挙権を有する者」に緩和された（令第24条）。

（2）投票管理者の交替制の導入

　投票立会人については、平成10年以降、交替制が認められてきたところであるが、投票管理者については、前述のとおり、投票所

の最高責任者として投票に関する事務全般を担任するという職責等にかんがみ、交替制が採用されなかった。しかし、主に民間人を投票管理者に充てている団体からは、円滑な投票所設置という同じ目的のため、投票管理者の交替制による負担軽減について指摘がなされていたところである。

今回、選任要件の緩和に加え、投票管理者の負担を軽減することを可能にし、人員確保に資することとするため、投票管理者について交替制が導入された。

投票管理者を選任した際には、直ちにその者の住所及び氏名を告示しなければならないとされているが、2人以上の投票管理者に交替して職務を行わせることとした場合には、それらの者の住所及び氏名に加え職務を行うべき時間を告示することとされた。また、投票管理者の職務代理者についても同様に交替制が採用され、2人以上の職務代理者に交替して職務を行わせる場合には、それらの者の住所及び氏名に加え、職務を行うべき時間を告示しなければならないものとされた（令第25条）。また、併せて投票録の様式が改正された（則別記第24号様式）。

投票管理者及びその職務代理者の交替制を採用することにより、投票に関する事務について、適切な引継ぎ（交替時に引継ぎに係る書類を作成し、投票録に添付）をするとともに、投票管理者の事前の研修・教育による十分な職務の理解を図ることが必要である。

引継書については、投票管理者がその責任において行った事務の状況を、交替後の投票管理者が把握できるようにする趣旨であり、

この趣旨を満たす書類であれば様式は問わないものであるが、具体的には、以下の事項について記載をし、投票管理者が署名したものとすることが考えられる。

・投票管理者として投票に関する職務に従事した時間
・投票管理者が選任した投票立会人の党派、氏名、参会時刻
・投票所を開いた時刻
・投票の状況として、

　① 投票用紙を再交付した者の氏名及び再交付の事由
　② 決定書又は判決書により投票をした者の氏名
　③ 不在者投票の投票用紙及び投票用封筒を返還して投票をした者の氏名
　④ 点字により投票をした者の人数
　⑤ 代理投票をした選挙人の氏名、補助者の氏名及び代理投票をした者の人数
　⑥ 投票管理者の受けた法第49条の投票の数
　⑦ 法第50条の規定により投票の拒否を受けた選挙人の氏名、拒否の事由、仮投票の有無
　⑧ 法第48条の規定により代理投票の拒否を受けた選挙人の氏名、拒否の事由、仮投票の有無

・投票状況等に関して特に引継ぐべき事項

〔投票管理者の引継書の例〕

引　継　書

　私が、投票管理者として投票に関する事務に従事した午前　時から午後　時までの間における投票状況等は、以下のとおりです。

1　投票管理者が選任した投票立会人

党　派	氏　名	参　会　時　刻

2　投票所を開いた時刻　　　　午前　　時

3　投票の状況

(1) 投票用紙を再交付した者	(氏名)		(再交付の事由)	
(2) 決定書又は判決書により投票をした者	(氏名)			
(3) 不在者投票の投票用紙及び投票用封筒を返還して投票をした者	(氏名)			
(4) 点字により投票をした者				人
(5) 代理投票をした者	選　挙　人		補　助　者	
	(氏名)		(氏名)	(氏名)
	代理投票者数			人
(6) 投票管理者の受けた公職選挙法第49条の投票	送致を受けた投票　　　　　　　票			
(7) 投票拒否の決定をした者		選挙人の氏名	拒否の事由	仮投票の有無
	法第50条の投票の拒否			
	法第48条の代理投票の拒否			

4　特記事項（投票状況等に関して特に引き継ぐべき事項がある場合に記載）

上記の記載が真正であることを確認して、署名します。

　　　　年　　月　　日　　　　投票管理者　氏　　　名

出典「選挙時報 令和元年10月号」

（3）投票立会人の選任要件の緩和（法第38条）

> 第三十八条　市町村の選挙管理委員会は、各選挙ごとに、<u>選挙権を有する者</u>の中から、本人の承諾を得て、二人以上五人以下の投票立会人を選任し、その選挙の期日前三日までに、本人に通知しなければならない。
> 2　投票立会人で参会する者が投票所を開くべき時刻になつても二人に達しないとき又はその後二人に達しなくなつたときは、投票管理者は、<u>選挙権を有する者</u>の中から二人に達するまでの投票立会人を選任し、直ちにこれを本人に通知し、投票に立ち会わせなければならない。
> 3〜5（略）

・投票立会人の選任要件を「選挙権を有する者」に緩和

　投票立会人は、投票管理者の事務を補助するとともに、投票所において何人からも干渉されず、独立した立場において投票事務の一部に参与し、主として投票事務の執行を管理する職務を負っているものであり、選挙人の公益代表的な性格を有するものである。投票立会人の選任は投票区内の者から行うこととされていたが、これは投票所における対面での選挙人確認の役割をも期待されていたものであり、当該区域内の選挙人は自己の区域内における事情に通暁（つうぎょう）し、投票が自由かつ公正に行われることを監視するのに適当とされたためである。

　一方で、現状では近隣住民との関係の希薄化などから、投票立会人に期待されていた対面での選挙人確認の役割は薄れ、結果と

して、投票事務の執行を監視する役割の比重が増しているといえる。また、市町村の現場においては、有権者が少数の地域や高齢化が進んだ地域などにおいて、投票区内からの選任が難しくなっている現状があり、将来にわたって安定的に投票区内からの選任ができるか懸念する声が聞かれ、投票所の統廃合のおそれも指摘されていた。

今回の改正により「各投票区における選挙人名簿に登録された者」の中から選任することとされていた投票立会人の選任要件について、投票立会人の確保を容易にする要請、地方からの要望、投票立会人の役割の比重の変化、期日前投票所の投票立会人の選任要件（＝選挙権を有する者）とのバランスにかんがみ、「選挙権を有する者」に緩和することとされた。

なお、投票立会人については、すでに交替制が認められているが、今回の改正に併せて令第27条の規定の整備及び引継書（例）の見直しが行われた。

〔投票立会人の引継書の例〕

引　　継　　書

私が、投票に立ち会った午前　　　時から午後　　　時までの間において、

異常はありませんでした。
次の異常がありました。

（異常がある場合は、その内容及び処理状況を記載すること）

なお、上記時間内における投票の状況は、次のとおりです。

		該当の有無	特記事項
1	投票用紙を再交付した者		
2	決定書又は判決書により投票した者		
3	不在者投票の投票用紙及び投票用封筒を返還して投票をした者		
4	点字により投票をした者		
5	代理投票をした者		
6	投票拒否の決定をした者		

上記の記載が真正であることを確認して、署名します。

　　　　　　　年　　月　　日　　　　投票立会人　氏　　　名

投票管理者及び投票立会人の選任要件の緩和

○現状

　・過疎化による選挙人数の減少等により、投票所数は減少傾向。

　⇒　投票所数の維持・確保を図ることは、有権者の投票機会を確保する
　　　上で、効果的な役割を果たすと考えられる。

　・投票管理者や投票立会人の確保が難しくなっている現状が、投票所数
　　の減少につながる一要因として指摘されている。

見直し内容

○　投票管理者及び投票立会人の選任要件を、いずれも「選挙権を有
　する者」に緩和する。（法第37条第2項、第38条第1項）

　⇒　これにより、投票管理者等の人員確保を容易にし、投票所数の
　　　維持・確保につなげる。

○　投票管理者の職務代理者についても同様に選任要件の緩和を行
　う。（令第24条）

（※）投票管理者等の選任要件の緩和については、人員確保の課題を背景に、市区、政令
　市、都道府県の各選挙管理委員会連合会から要望があるほか、地方分権改革提案とし
　ても改正提案がある。
　　また、総務省の「投票環境の向上方策等に関する研究会」でも、確保を容易にすべ
　きとの指摘があったところ。

出典「選挙時報 令和元年9月号」

2. 天災等の場合における開票区の分割等

(1) 分割開票区等の設置（法第18条第２項）と開票立会人の選任手続の整備（法第62条第８項）

第六十二条

8　都道府県の選挙管理委員会が第十八条第二項の規定により市町村の区域を分けて、又は数市町村の区域の全部若しくは一部を合わせて、開票区を設ける場合において、当該開票区を選挙の期日前二日から選挙の期日の前日までの間に設けたときは市町村の選挙管理委員会において、当該開票区を選挙の期日以後に設けたときは開票管理者において、当該開票区の区域の全部又は一部をその区域に含む市町村の選挙人名簿に登録された者の中から三人以上十人以下の開票立会人を選任し、直ちにこれを本人に通知し、開票に立ち会わせなければならない。ただし、同一の政党その他の政治団体に属する者を三人以上選任することができない。

・選挙期日前２日以降に新たな開票区が設けられた場合の開票立会人選任の手続を整備

　平成29年の衆議院議員総選挙では、投開票日を中心に台風の影響を受けたことにより、離島の投票所から本土の開票所への投票箱等の送致ができず、投票日翌日に開票が行われた地域もあった。台風の接近や自然災害の危険がある中の選挙では、投開票事務に従事する者の安全確保や投票自体の毀損を避けることが第一である。一方で、選挙結果の早期確定の観点から、国政選挙においては投票日当日の開票を総務省が助言しているほか、選挙管理委員会としても開票事務従事者の確保や各団体の通常業務への影

響などから、関係者の安全確保などに支障がなければ、当日開票を行いたいとの要請がある。

　この点、平成29年の衆議院議員総選挙では、選挙の期日に投票箱の送致が難しくなった一部の離島において、当該離島に開票所を当日設置し、本土と分割して開票を行うこととした事例があった。この経験を踏まえ、選挙の期日の間近になって急遽開票所を新たに設ける必要が生じた場合の対応について、その手続を明確にするとともに、新たな開票区の設置が円滑にできるよう、今回の改正において開票立会人の選任手続の整備等が行われたものである。これにより、当日開票を安全かつ迅速に行おうとする場合の選択肢が増えることになる。

　候補者等からの開票立会人の届出期限は選挙の期日前 3 日だが、従来の規定では、この期間経過後の選挙の期日前 2 日以後に都道府県の選挙管理委員会が新たに開票区（法第18条第 2 項の規定による分割開票区又は合同開票区）が設けられた場合の開票立会人の選任手続が明確でなかったことから、
・新たな開票区が選挙の期日前 2 日から選挙の期日の前日までの間に設けられた場合には市町村の選挙管理委員会において、
・新たな開票区が選挙の期日以後に設けられた場合には開票管理者において、
それぞれ 3 人以上10人以下の開票立会人を選任することとされ、手続が整備された。

　本項で規定された手続については、投票箱の送致ができない場合などの特例として規定を整備することも考えられたが、そもそも法第18条第 2 項の規定による分割開票区又は合同開票区は都道府県の選挙管理委員会が特別の事情があると認める場合に限り設置されるものであり、選挙期日直前にこれらを設ける場面は自ずと緊急対応的なケースに限られると考えられる。このため、本条においてまで特例的な限定を付すことをせず、一般的な手続規定として整備されたものである。

　この場合の開票立会人について、候補者等からの届出によらず、市町村の選挙管理委員会又は開票管理者が選任することとされたが、
・選挙期日の直前になって急遽分割開票区や合同開票区を設ける場面としては、例えば悪天候で離島から投票箱等を送致できない場面のような緊急時が想定されること
・その場面においても届出制をとることとすると、届出期間の確保や急遽参集することができない陣営が生じるおそれがあるなど、候補者間での平等性に懸念があるほか、開票所に出向くこととなる開票立会人の安全確保にも懸念があること
・現行規定においても、開票立会人が 3 人に達しなくなったときなど、市町村の選挙管理委員会等が開票立会人を選任する規定があること
などが考慮されたものである。

　なお、開票区の設置時期が選挙の期日の前日までの場合と、選

挙の期日以後の場合とで選任主体を分けているのは、補充選任に係る規定（法第62条第9項）及び当該規定における選任主体が現行の形に整備された昭和37年改正の趣旨によるものである。

　また、都道府県の選挙管理委員会が分割開票区を設けるかどうかの判断をするにあたっては、分割開票区を設ける緊急性や必要性とともに、投票の秘密との関係も十分考慮した上で判断すべきものと考えられる。例えば、当該地域の投票傾向が明らかになる可能性があるなど、投票の秘密への懸念がある場合には、分割開票区の設置を行わないという判断もありうるであろう。

　なお、分割開票区を設置した場合において各市町村における開票結果のホームページ等での公表にあたっては、例えば、開票区単位でなく市町村単位での得票状況を公表するなど、投票傾向が明らかにならないような工夫をすることが適当な場合も考えられる。

（2）開票立会人の選任要件の規定の整備（法第62条第1項）

第六十二条　公職の候補者（衆議院小選挙区選出議員の選挙にあつては候補者届出政党（第八十六条第一項又は第八項の規定による届出をした政党その他の政治団体をいう。以下同じ。）及び公職の候補者（候補者届出政党の届出に係るものを除く。）、衆議院比例代表選出議員の選挙にあつては衆議院名簿届出政党等、参議院比例代表選出議員の選挙にあつては参議院名簿届出政党等）は、当該選挙の開票区ごとに、当該開票区の区域の全部又は一部をその区域に含む市町村の選挙人名簿に登録された者の中から、本人の承諾を得て、開票立会人となるべき者一人を定め、その選挙の期日前三日までに、

市町村の選挙管理委員会に届け出ることができる。ただし、同一人を当該選挙の他の開票区における開票立会人となるべき者及び当該選挙と同じ日に行われるべき他の選挙における開票立会人となるべき者として届け出ることはできない。

2　前項の規定により届出のあつた者（次の各号に掲げる事由が生じたときは、当該各号に定めるものの届出に係る者を除く。以下この条において同じ。）が、十人を超えないときは直ちにその者をもつて開票立会人とし、十人を超えるときは届出のあつた者の中から市町村の選挙管理委員会がくじで定めた者十人をもつて開票立会人としなければならない。

一　公職の候補者（候補者届出政党の届出に係るものを除く。以下この号において同じ。）が死亡したとき、第八十六条第九項若しくは第八十六条の四第九項の規定により公職の候補者の届出が却下されたとき又は第八十六条第十二項若しくは第八十六条の四第十項の規定により公職の候補者がその候補者たることを辞したとき（第九十一条第二項又は第百三条第四項の規定によりその候補者たることを辞したものとみなされる場合を含む。）当該公職の候補者

二　候補者届出政党の届出に係る候補者が死亡したとき、第八十六条第九項の規定により候補者届出政党がした候補者の届出が却下されたとき又は同条第十一項の規定により候補者届出政党が候補者の届出を取り下げたとき（第九十一条第一項又は第百三条第四項の規定により公職の候補者の届出が取り下げられたものとみなされる場合を含む。）当該候補者届出政党

三　衆議院名簿届出政党等につき第八十六条の二第十項の規定による届出があつたとき又は同条第十一項の規定による却下があつたとき当該衆議院名簿届出政党等

四　参議院名簿届出政党等につき第八十六条の三第二項において準用する第八十六条の二第十項の規定による届出があつたとき又は第八十六条の三第二項において準用する第八十六条の二第

・分割開票区が設置される場合に備え、開票立会人の選任要件の規定を整備

　開票立会人は、開票の際の投票の効力の決定に当たって必要な意見を言えることとされており、その地域における通称や屋号等に通じていることが必要であることを踏まえて、その選任範囲に地域性を求めていることから、従来、開票立会人は「当該選挙の各開票区における選挙人名簿に登録された者」から定めることとされていた。仮に離島などの小さいエリアで分割開票区を設けた場合、開票立会人を当該離島内から選任することとなり、人員確保に支障が生じることが想定されていた。しかし開票区は原則として市町村の区域とされている（法第18条第1項）ことを踏まえると、開票立会人の選任に求められている地域性は、当該市町村の区域内にとどまる範囲ではその意義を失わせることはないものと考えられる。

　そこで、今回、開票立会人を「当該選挙の開票区ごとに、当該開票区の区域の全部又は一部をその区域に含む市町村の選挙人名簿に登録された者」から定めることとし、離島において急遽開票を行う場合などでも、分割開票区の設置が円滑にできるよう、一定の要件緩和が図られた。また、これにより、離島の者が本土にある本来の開票所で開票立会人に就くことを予定していた場合、開票

区が分割されても開票立会人の資格は失われないこととなる。

　なお、この改正により、分割開票区を設けて市町村や衆議院小選挙区選出議員選挙において、2以上の選挙区に分かれる市町村においては、従来当該分割開票区又は当該衆議院小選挙区の区域（すなわち市町村の一部の区域）内に限定されていた開票立会人の選任範囲が、当該市町村の全区域に拡大することになる点に留意が必要である。合同開票区を設けている団体においても、関係市町村の全区域から選任できることとなるものである。

　また、選任要件の見直しに伴い、同一の選挙において、同じ市町村内の複数の開票区に同一人を開票立会人として届け出る可能性が生じるおそれがある（これまでは、開票区の範囲内でしか届出ができなかった）。このため、いたずらに開票事務を遅延させることを防ぐという趣旨から、法第62条第1項ただし書きには、「同一人を当該選挙の他の開票区における開票立会人となるべき者（中略）として届け出ることはできない」旨の規定が置かれた。

（3）既に届出のされている開票立会人の取扱い（令第70条の4）

　（1）で述べたとおり、選挙期日前2日以後に分割開票区が設けられた場合には、市町村の選挙管理委員会又は開票管理者が開票立会人を定めることとされた。しかし、分割開票区を設ける前に法第62条第1項に基づき、公職の候補者等から既に開票立会人が届け出られているため、これらの者の取扱いと選挙管理委員会又は開票管理者による開票立会人の選任との関係が問題になる。

この点、今回、令第70条の4が設けられ、選挙の期日前2日以後に新たに分割開票区が設置された場合において、既に候補者等により届出がなされていた開票立会人については、選挙管理委員会又は開票管理者は、分割後の開票区のうち、選挙人名簿登録者数が最も多い開票区の開票立会人として選任することとされた。すなわち、イメージとしては、天災等の場合に急遽離島等に設けられる分割開票所では選挙管理委員会又は開票管理者が公職の候補者の公平性等に配慮して開票立会人を選出することになり、他方、本土にある本来の開票所（これも分割開票所との位置付けになる）では、既に届け出られた開票立会人が原則としてそのまま選任されることになる。

　これは、本来の開票区において、既に候補者届出又はくじという法定の手続によって開票立会人と定められていた者について、新たに設けられた分割開票区においてもそのまま全員を選任することとすれば、選挙管理委員会又は開票管理者による恣意的な選任を排除することができ、候補者間の公平性を確保することができるものと考えられるとともに、2以上の分割開票区のうち、どの分割開票区の開票立会人として選任するかについては選挙人名簿登録者数という客観的な要件で決定できるようにされたものである。

　なお、今回追加された令第70条の5から令第70条の7までには、法第18条第2項により合同開票区が設けられた場合や合同開票区と分割開票区が合わせて設けられた場合における開票立会人の選任手続が規定されている。

（4）分割開票区が設けられた場合における指定投票区の取扱い
　　（令第26条）

　選挙の期日に悪天候等に見舞われたことにより離島の投票区から投票箱が送付できない状況が発生し、急遽分割開票区を設けるような場合において、本土の投票区を指定投票区に指定し、当該離島の投票区を指定関係投票区として定めていたときには、本土と離島において分割開票区が設けられることにより指定投票区と指定関係投票区とで属する開票区が異なることとなることが想定される。このような場合には、本来、当該離島の投票区に対して不在者投票を送致する必要が生じるが、投票箱を離島から本土へ送致できないケースであれば、おのずと不在者投票を本土から離島の投票区に送致することも極めて難しい状況であり、従前のままではこのような不在者投票は無効となってしまうおそれが強い。

　そこで今回、選挙人名簿登録地の市町村の選挙管理委員会の委員長に到達している不在者投票について、市町村の区域が数開票区に分かれている場合に、天災その他避けることのできない事故により、一の開票区内のいずれの投票区の投票管理者にも不在者投票を送致できないときは、市町村の選挙管理委員会が指定した当該開票区外の投票区の投票管理者へ送致することができることとし、選挙人が行った不在者投票が無効となることのないよう、令第26条が改正され、指定投票区制度の特例制度が設けられた。

　具体的な特例の内容としては、
・市町村の区域（2以上の選挙区に分かれている場合は、当該

選挙区の区域）が数開票区に分かれている場合において、

・天災その他避けることのできない事故により、一の開票区に属するいずれの投票区の投票管理者にも不在者投票を送致できない状況があると認めるときは、

・当該選挙に限り、

① 新たに指定投票区を指定することができるようにするとともに、

② 原則として、指定関係投票区は指定投票区の属する開票区内の投票区しか定めることができないところ、当該指定投票区の属する開票区内か否かにかかわらず、当該指定投票区と同一の市町村（又は選挙区）の区域内の投票区であれば、当該投票区に属する選挙人がした不在者投票に関する受理・不受理の決定等に係る事務を当該指定投票区の投票管理者が行うこととする投票区（特別指定関係投票区）として定めることができることとされた。

これにより、従前不在者投票の送致をすべきであった投票区（指定投票区を指定していた場合は、当該指定投票区）とは別の投票区に対して当該選挙人の不在者投票を送致でき、不在者投票の受理・不受理の決定が可能になることから、当該不在者投票を無効にすることなく取扱えるようになるものである。

このほか指定投票区の指定及び特例指定関係投票区を定めた場合並びに指定投票区を取り消し、又は特例指定関係投票区を変更した場合について、告示をすること及び都道府県の選挙管理委員会に対し通知することが定められた。

天災等の場合における安全・迅速な開票に向けた規定の整備

〇現状

　　平成29年の衆議院総選挙では、投開票日を中心に台風の影響を受け、離島では投票箱の送致ができず、投票日翌日に開票が行われた地域があった。

⇒　開票事務従事者の安全を確保しつつ、選挙結果を早期に確定できるようにするため、急な悪天候などの場合には、離島に開票所を当日設置し、離島と本土とで分割して開票を行うこと等が考えられる。

見直し内容

① 開票立会人の選任手続の整備（法第62条第8項）

（改正前）選挙期日前3日前までに候補者等が届出

　　⇒・悪天候などにより、開票日に近接して開票区を分割等する（新たに開票所を設ける）場合には、市町村の選挙管理委員会又は開票管理者が、当該開票所の開票立会人を選任する規定を追加。

　　　・この場合における開票立会人の選任ルールを明確化
　　　（令第70条の4から第70条の8まで）

② 開票立会人の選任要件の規定の整備（法第62条第1項）

（改正前）開票立会人は、開票区（通常、市町村）の範囲から選任。

　　⇒　離島などについて開票区を分割した場合でも、開票立会人を当該市町村の範囲から選任できるよう規定を整備。

出典「選挙時報 令和元年9月号」

3. 選挙公報の掲載文の電子データによる提出

（1）掲載文の申請（法第168条）

第百六十八条　衆議院（小選挙区選出）議員、参議院（選挙区選出）
議員又は都道府県知事の選挙において公職の候補者が選挙公報に氏
名、経歴、政見等の掲載を受けようとするときは、その掲載文（衆
議院小選挙区選出議員又は参議院選挙区選出議員の選挙にあつて
は、その掲載文及び写真。次条第一項において同じ。）を添付し、
当該選挙の期日の公示又は告示があつた日から二日間（衆議院小選
挙区選出議員の選挙にあつては、当該選挙の期日の公示又は告示が
あつた日）に、当該選挙に関する事務を管理する選挙管理委員会
（参議院合同選挙区選挙については、当該選挙に関する事務を管理
する参議院合同選挙区選挙管理委員会）に、文書で申請しなければ
ならない。

2　衆議院（比例代表選出）議員の選挙において衆議院名簿届出政党
等が選挙公報にその名称及び略称、政見、衆議院名簿登載者の氏名、
経歴及び当選人となるべき順位等の掲載を受けようとするときは、
その掲載文を添付し、当該選挙の期日の公示又は告示があつた日に、
中央選挙管理会に、文書で申請しなければならない。

3　参議院（比例代表選出）議員の選挙において参議院名簿届出政党
等が選挙公報にその名称及び略称、政見、参議院名簿登載者の氏名、
経歴及び写真等の掲載を受けようとするときは、その掲載文を添付
し、当該選挙の期日の公示又は告示があつた日から二日間に、中央
選挙管理会に、文書で申請しなければならない。この場合において、
当該参議院名簿届出政党等は、当該掲載文の二分の一以上に相当す
る部分に、第八十六条の三第一項後段の規定により優先的に当選人
となるべき候補者としてその氏名及び当選人となるべき順位が参議
院名簿に記載されている者である参議院名簿登載者以外の参議院名
簿登載者については、各参議院名簿登載者の氏名及び経歴を記載し、
又は記録し、並びに写真を貼り付け、又は記録し、同項後段の規定

により優先的に当選人となるべき候補者としてその氏名及び当選人となるべき順位が参議院名簿に記載されている者である参議院名簿登載者については、その他の参議院名簿登載者の氏名、経歴及び写真と区分して、優先的に当選人となるべき候補者である旨を表示した上で、各参議院名簿登載者の氏名、経歴及び当選人となるべき順位を記載し、又は記録すること等により、参議院名簿登載者の紹介に努めるものとする。

4　（略）

・選挙公報掲載文の電磁的記録媒体での申請が可能に

　選挙公報の掲載文の申請は、「掲載文（中略）を具し」、文書で申請しなければならないこととされ、「掲載文」という文言それ自体は電磁的記録をもって作成されたものも含まれると解されるが、法の文言上、法第168条第3項の「記載」、「写真を貼り付け」等の文言から、これまで同条の「掲載文」については、書面（＝紙媒体）と解さざるを得ず、電磁的記録媒体を持参する形での申請はできないものとされていた。

　このため、今回の改正では、法第168条第3項の「記載」、「写真を貼り付け」に並んで、「記録」する方法を明文化し、電子データを記録媒体に保存し、当該記録媒体を添付して提出することが可能となった。

　ただし、法第168条第1項及び第3項に規定する手続は、行政手続等における情報通信の技術の利用に関する法律^{（※）}（平成14年法律第151号）の適用が除外されている（同法第10条第1号、同

法施行令第 4 条、同別表）ことから、選挙公報の掲載文の申請手続をオンラインで行うことはできず、あくまで記録媒体による提出となる。

なお、手書きで選挙公報の掲載文を作成している候補者もいることから、従来の規定は削除せず、引き続き紙媒体による提出も可能である。ただし、紙媒体又は電子データのいずれか一方による提出のみを認め、他方の手段による提出を認めないという運用はできない。

また、法第172条の 2 の規定による任意制選挙公報においても、条例で定めることにより、選挙公報の掲載文を電子データで提出することが可能になる。

（※）同法は、その後「情報通信技術を活用した行政の推進等に関する法律」に題名が改められた（令和元年法律第16号）。

（2）選挙公報の発行手続（法第169条）

第百六十九条　参議院合同選挙区選挙について前条第一項の申請があつたときは、参議院合同選挙区選挙管理委員会は、その掲載文の写しをその選挙の期日前十一日までに、合同選挙区都道府県の選挙管理委員会に送付しなければならない。
2　衆議院（比例代表選出）議員又は参議院（比例代表選出）議員の選挙について前条第二項又は第三項の申請があつたときは、中央選挙管理会は、その掲載文の写しを衆議院（比例代表選出）議員の選挙にあつてはその選挙の期日前九日までに、参議院（比例代表選出）議員の選挙にあつてはその選挙の期日前十一日までに、都道府県の選挙管理委員会に送付しなければならない。
3〜7（略）

・選挙公報の掲載文を電子データとし、オンラインでの送付が
　可能に

　中央選挙管理会又は参議院合同選挙区選挙管理委員会に対し
て選挙公報の掲載文の申請があった場合には、選挙公報の発行主
体である都道府県選挙管理委員会に対し、「掲載文の写し2通」
を送付することとなっていた。「2通」という文言から、法第169条
第1項及び第2項における「掲載文の写し」は紙媒体と解さざる
を得なかったため、今回の改正で「2通」の文言を削ることにより、
紙媒体、電子データのいずれによっても掲載文の写しを送付できる
ように条文が整理された。

　国政選挙においては、従来、衆議院議員選挙では公示日の3日
後、参議院議員選挙では公示日の4日後に、中央選挙管理会か
ら各都道府県選挙管理委員会に対して比例代表選挙にかかる掲載
文の写しが送付（実態としては交付）されていたが、今回の改正
により、原則として掲載文の提出締切日（衆議院議員選挙の場合
は公示日、参議院議員選挙の場合は公示日の翌日）のうちにオン
ラインで都道府県選挙管理委員会に送付できるようになった。これ
により、各都道府県選挙管理委員会での選挙公報のホームページ
での掲載や各市町村選挙管理委員会での選挙公報の配布の早期
化が期待されるものである。

　なお、選挙公報の掲載文の電子データによる提出が初めて採用
された令和元年の参議院議員通常選挙での比例代表選出議員選
挙に係る選挙公報の発行要領は次のとおりである。

令和元年執行の参議院比例代表
選出議員の選挙に係る選挙公報の発行要領

　参議院比例代表選出議員の選挙における選挙公報は、参議院比例代表選出議員選挙執行規程（昭和58年中央選挙管理会告示第3号。以下「執行規程」という。）に基づき作成することとされているが、その作成については、次の要領によるものとする。

一　中央選挙管理会の措置
　　1　中央選挙管理会は、政党等が名簿による立候補の届出を行うに際し、次のものを各政党等に交付するものとする。
　　　⑴　選挙公報掲載文原稿用紙
　　　　　執行規程第3号様式その1
　　　　　　　　　　　　　その2　　参議院名簿登載者数に応じて、
　　　　　　　　　　　　　その3　　いずれか一について各様式の
　　　　　　　　　　　　　その4　　電磁的記録1式又は用紙5枚
　　　⑵　参議院比例代表選出議員の選挙における選挙公報掲載申請に当たっての注意事項（用紙による申請の場合）　　　　　　　　　　　　　　　2部
　　　⑶　参議院比例代表選出議員の選挙における選挙公報掲載申請に当たっての注意事項（電磁的記録による申請の場合）　　　　　　　　　　　　　2部
　　　⑷　参議院比例代表選出議員選挙選挙公報関係法令等抜粋　　　　　2部
　　　　　　　選挙公報掲載申請書　　　　　　　　　　　　　　　　　2枚
　　　　　　　代理人証明書　　　　　　　　　　　　　　　　　　　　2枚
　　　⑸　　　選挙公報掲載撤回申請書　　　　　　　　　　　　　　　1枚
　　　　　　　選挙公報掲載修正申請書　　　　　　　　　　　　　　　1枚
　　　⑹　選挙公報掲載文原稿用紙交付申請書・受領書　　　　　　　　2枚
　　2　中央選挙管理会は、公示の日の翌日午後5時までに政党等から申請のあった掲載文を点検し、受理する（公職選挙法第168条第3項、第270条）。
　　3　中央選挙管理会は、選挙公報掲載申請政党等の数、参議院名簿届出政党等中選挙公報掲載を申請しなかった参議院名簿届出政党等の名称及び選挙公報の総ページ数を公示日の翌日午後6時以降各都道府県選挙管理委員会にファックスにより通知する。
　　4　電磁的記録（PDF/X1a形式ファイル）により申請され受理した掲載文は、当該

電磁的記録を印刷原稿データとする。また、用紙により申請され受理した掲載文が
あった場合は、中央選挙管理会において印刷原稿データ（PDF/X1a形式ファイル）
を作成する。

5　中央選挙管理会は、印刷原稿データを確認用原本データ（印刷原稿データを総務
省において印刷してスキャンしたもの）と共に、選挙期日前11日までに各都道府
県選挙管理委員会に送付する。なお、電子データでの入稿に対応できない等の理由
により、従来どおり、印刷原稿用紙の交付を希望する都道府県選挙管理委員会に対
しては、各3部を選挙期日前11日までの別途通知する日時に総務省内において直
接交付する。

二　都道府県選挙管理委員会の措置

1　各都道府県選挙管理委員会は、送付を受けた印刷原稿データ又は交付を受けた印
刷原稿用紙を直ちに所定の印刷所に送付し、各都道府県選挙管理委員会が3頁の
「選挙公報掲載順序の決定方法について」に基づいてくじで定めた掲載の順序に従
い、所定の寸法で選挙公報を作成する。

2　各都道府県選挙管理委員会は、1により製版した原稿を印刷する前に、確認用原
本データを用い、その内容等を必ず確認する。

3　選挙公報の1ページの大きさは、新聞紙（ブランケット判）大とする。

4　印刷の詳細な手続は、4頁の「印刷の手続についての注意事項」によるものとす
る。

出典「月刊選挙 令和元年6月号」

参考　参議院比例代表選挙の選挙公報等の作成の流れ（イメージ）

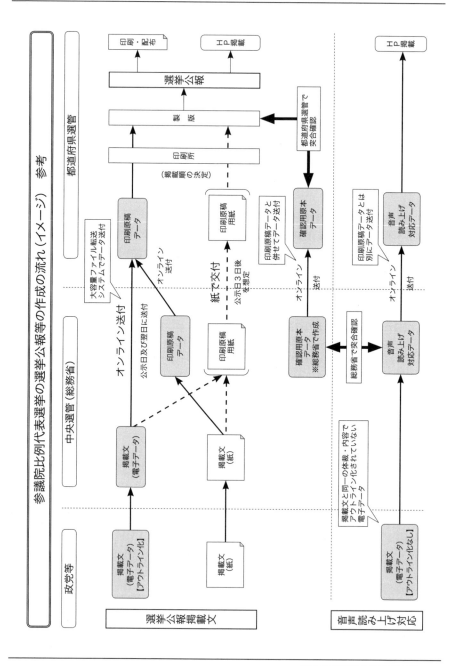

出典「月刊選挙 令和元年 6 月号」

[2] 背景、成立に至る経緯

1. 投票環境の向上方策等に関する研究会

　投票率が低下傾向にある中、有権者が投票しやすい環境を一層整備し、投票率の向上を図っていくことは重要な課題である。総務省では、平成26年度から「投票環境の向上方策等に関する研究会」（座長：磯部　力　東京都立大学名誉教授）を設け、公正確保に留意しつつ、投票環境における制約を解消、改善していく方策について数次にわたる議論が行われた。

　平成29年12月からは、ICTの利活用などにより、投票しにくい状況にある選挙人の投票環境向上や選挙における選挙人等の負担軽減・管理執行の合理化に関していかなる取り組みができるか検討を行い、平成30年8月10日にその報告が取りまとめられた。報告の内容は以下の9項目から成っている。

ア. 投票しにくい状況に有る選挙人の投票環境の向上

① 不在者投票の更なる利便性向上

② 障害者等の投票環境向上

③ 在外投票の利便性向上（インターネット投票）

④ 洋上における投票

イ. 選挙における選挙人等の負担軽減、管理執行の合理化

① 選挙人名簿対照における無線通信のセキュリティ確保

② 電子投票機を用いた電子投票の改善

③ 期日前投票所の混雑防止対策

④ 離島等に関する確実かつ迅速な開票

⑤ 選挙公報の取扱いの改善

　これらの項目のうち、その実現に法改正が必要となるイ④及びイ⑤のほか、イ④の議論の過程で指摘のあった投票管理者や投票立会人の確保を容易にするための見直しが、国会議員の選挙等の執行経費の基準に関する法律及び公職選挙法の一部を改正する法律案（以下、「改正法案」という）に盛り込まれた。

　改正法案に関する研究会報告の概要は以下のとおりである。

・イ④ 離島等に関する確実かつ迅速な開票

【課題】　平成29年の衆議院議員総選挙では、台風の影響により投票日翌日に開票が行われた地域があったが、悪天候などの場合であっても、投票箱等の送致等に伴う関係者の安全確保や投票自体の毀損を避けつつ、安全かつ迅速に開票を行うことが重要。

【検討】　投票箱等の送致に支障が生じた場合など特別の事情がある場合に、緊急避難的な措置として、開票立会人の人数要件を緩和する「特例分割開票区」の設置を認める。これにより、投票所において引き続き開票事務を行うことができ、開票事務に従事する者の安全を確保しつつ、迅速な開票が可能となる。

・イ⑤ 選挙公報の取扱いの改善

【課題】　多くの選挙人が期日前投票を行っている現状を踏まえ、

選挙公報の配布やHP掲載を現状より早く行えないかとの声がある。また、選挙管理委員会のホームページに掲載された選挙公報は読み上げソフトに対応できない画像PDFファイルとなっている点について改善を求める声がある。

【検討】選挙公報の掲載文原稿について、電子データによる提出を可能とすることで、選挙公報の印刷及び各世帯への配布を早める。また、都道府県の選挙管理委員会のホームページへの選挙公報の早期掲載にも取り組むことが必要。

　これにあわせ、音声読み上げソフトを用いる視覚障害者等の便宜に資するよう、選挙公報の掲載文原稿のテキストデータを情報提供していくことが望ましい。

2. 国会審議の状況

改正法案は、平成31年2月12日に国会に提出された。

衆議院では、同年4月1日に政治倫理の確立及び公職選挙法改正に関する特別委員会に付託され、翌2日に提案理由説明を行った後、同月10日に改正案に対する質疑、採決が行われ、全会一致で可決された。衆議院本会議では翌11日に全会一致で可決された。

参議院では、同月16日に政治倫理の確立及び選挙制度に関する特別委員会に付託され、翌17日に改正法案の提案理由説明を行った後、同月24日に改正法案の質疑、採決が行われ、全会一致で

可決された。参議院本会議においては令和元年 5 月 8 日に全会一致で可決され、改正法が成立した。

　なお、改正法案に係る主な質疑としては、開票管理者の資格要件の緩和、投票管理者等の選任要件の緩和による効果、選挙公報のテキストデータの提出、離島に急遽設けられた開票区の投票の秘密や経費の確保などに関するものがあった。

　この後、改正法は同月15日に令和元年法律第 1 号をもって公布され、公職選挙法の改正に関する部分及びこれに関連した国会議員の選挙等の執行経費の基準に関する法律の改正部分は同年 6 月 1 日に施行することとされた。

第4章

地方議会議員選挙の
立候補届に関する見直し

■令和2年法律第41号（令和2年6月10日公布、令和2年9月10日施行）

地方議会議員選挙の立候補届に関する見直し

[1] 改正の概要

第八十六条の四（略）

2・3（略）

4　第一項及び第二項の文書には、次の各号に掲げる選挙の区分に応じ当該各号に定める宣誓書、所属する政党その他の政治団体の名称を記載する場合にあつては当該記載に関する当該政党その他の政治団体の証明書（参議院選挙区選出議員の候補者については、当該政党その他の政治団体の代表者の証明書）その他政令で定める文書を添えなければならない。

一　（略）

二　都道府県の議会の議員の選挙　当該選挙の期日において第九条第二項又は第三項に規定する住所に関する要件を満たす者であると見込まれること及び第八十六条の八第一項、第八十七条第一項、第二百五十一条の二又は第二百五十一条の三の規定により当該選挙において公職の候補者となることができない者でないことを当該公職の候補者となるべき者が誓う旨の宣誓書

三　市町村の議会の議員の選挙　当該選挙の期日において第九条第二項に規定する住所に関する要件を満たす者であると見込まれること及び第八十六条の八第一項、第八十七条第一項、第二百五十一条の二又は第二百五十一条の三の規定により当該選挙において公職の候補者となることができない者でないことを当該公職の候補者となるべき者が誓う旨の宣誓書

四　（略）

5～11（略）

（1）宣誓書の宣誓内容に「住所要件」を追加（法第86条の4第4項）

・地方公共団体の議会の議員の選挙における立候補の届出書に
　添付する宣誓書の宣誓内容に「当該選挙の期日において住所要
　件を満たす者であると見込まれること」を追加

　改正前の法第86条の4第4項においては、地方公共団体の議
会の議員の選挙における立候補の届出書又は推薦届出書には、当
該選挙において、選挙犯罪により刑に処せられている場合等におけ
る被選挙権のない者等の立候補の禁止（法第86条の8第1項）、
重複立候補の禁止（法第87条第1項）、及び連座による立候補
の禁止（法第251条の2及び法第251条の3）の規定により、公
職の候補者となることができない者でないことを当該公職の候補者
となるべき者が誓う旨の宣誓書を添付しなければならないこととされ
ていた。当該規定については、選挙長が立候補の届出を受理する
に際して、当該届出に係る者が各立候補の禁止規定に該当するか
どうか、実体的にも有無は判別し難いので、当該候補者となろうと
する者が、自ら、その旨を誓うことによって制度を合理的にする趣旨
で、昭和37年の法改正で導入されたものである。

　今回の改正により地方公共団体の議会の議員の選挙の立候補の
届出書に添えなければならない宣誓書において公職の候補者となる
べき者が誓う事項として、当該選挙の期日において法第9条第2
項又は第3項に規定する住所に関する要件を満たす者であると見
込まれることを追加することとされた。この改正は住所要件を満たさ

ない者の立候補を抑止し、選挙事務の適正化や選挙人の混乱の回避に資するものである。

　ここでいう「住所」とは、各人の生活の本拠を指し、住所の認定は客観的居住の事実を基礎とし、これに居住者の主観的居住の事実を基礎とし、これに居住者の主観的居住意思を総合して行うものと解されており、起居、寝食、家族同居の事実などの居住実態に基づき慎重に判断する必要がある。

　なお、地方公共団体の議会の議員の選挙における立候補の届出書に添付する宣誓書の様式については、公職選挙法施行令規則の一部を改正する省令（令和 2 年総務省令第 76 号）により別記第 19 号様式の 3 の改正が行われた。

立候補の届出書に添付する宣誓書の宣誓内容

選挙犯罪による公民権停止者でないことなど

当該選挙の期日において住所要件を
満たす者であると見込まれること

（2）罰則（法第238条の2第1項、法第252条第1項）

・宣誓内容に虚偽があった場合、虚偽宣誓罪（30万円以下の罰金）
　が適用される。

　法第238条の2の規定により、法第86条の4第4項の規定に
より添付された宣誓書において虚偽の誓いをした者は、30万円以
下の罰金に処することとされている。仮に本罪に処せられた場合、
その選挙における当選が無効になる（法第251条）とともに、その
裁判が確定した日から原則5年間（刑の執行猶予の言渡しを受け
た者は、その裁判が確定した日から刑の執行を受けることがなくな
るまでの間）、公民権が停止されることとなる（法第252条第1項）。
　なお、本罪は必ずしも常に悪質なものとはいえないことから、本
罪の適用に当たっては、法第238条の2第2項の規定により、当
該選挙に関する事務を管理する選挙管理委員会の告発が必要とさ
れている。

[2] 背景、成立に至る経緯
（1）被選挙権のない者の立候補
　地方公共団体の議会の議員の選挙において、公職の候補者とな
ろうとする者は、法第86条の4の規定により、当該選挙の期日の
告示があった日に、郵便等によることなく、立候補の届出書を当該
選挙長に届出なければならないこととされている。当該届出書には、
氏名、本籍、住所、生年月日、職業（兼職禁止の職にある場合

はその職名又は地方自治法（昭和22年法律第67号）第92条の2に規定する関係にあるか否か）及び所属する政党その他の政治団体の名称を記載しなければならないこととされているとともに、今回の改正前の法においては、次に揚げる書類を添えなければならないこととされていた。

① 候補者となることができない者でない旨の宣誓書
② 所属党派（政治団体）証明書（立候補の届出書に所属党派を記載する場合に限る）
③ 供託証明書
　（※）本改正案の成立時においては町村の議会の議員の選挙について不要であった。
④ 戸籍の謄本又は抄本

　地方公共団体の議会の被選挙権については、法第10条の規定において、年齢満25年以上、かつ、住所要件（市町村の議会の議員にあっては引き続き3か月以上当該市町村の区域内に住所を有すること、都道府県の議会の議員にあっては引き続き3か月以上当該都道府県の区域内の一の市町村の区域内に住所を有すること、又は当該都道府県の区域内の一の市町村の区域内に引き続き3か月以上住所を有していたことがあり、かつ、その後も引き続き当該都道府県の区域内に住所を有すること）を満たす者が、被選挙権を有することとされている。一方、法第11条及び第11条の2並びに政治資金規正法（昭和23年法律第194号）第28条の規定

において消極的要件として、選挙犯罪等により刑に処せられている場合等の欠格事項に該当する者は被選挙権を有しないこととされている。

　立候補の届出の受理にあたっては、選挙長は形式的審査権は有するが、当該公職の候補者となろうとする者の被選挙権の有無等に関する実質的審査権は有しないものと解されており、「かりに、選挙長が届出受理に際し立候補資格や立候補制限違反の有無について実質的に審査する権限と義務があるものとすると、今日のような複雑な社会生活のもとにおいて選挙長が右審査を短期間に誤りなく行うことは必ずしも容易ではなく、ひとたびこの判断を誤って届出を受理しなかつたときは選挙の無効を来たすことは必至であり、更にはまた右権限が立候補妨害ないし選挙干渉の手段とされる危険もなくはない」と判示されている（昭和35年11月22日仙台高裁判決、昭和36年7月20日最高裁判決）。一方、法においては、公職の候補者が被選挙権を実質的に有するか否かについては、開票に際し、開票管理者が開票立会人の意見を聴いて決定することとされており（法第67条）、被選挙権のない候補者に対する投票は無効とすることとされている（法第68条第1項第5号）。

　ここで、形式的審査とは、必要事項の記載がなされているかどうか、必要な添付書類が揃っているかどうかの点について審査することであるが、形式的な法律上の要件を欠く場合、例えば届出書の生年月日の記載から、明らかに選挙期日において被選挙権年齢に

達しないことを知り得る場合や、候補者となることができない場合は、届出を受理すべきでないものと解されている。

このような法の規定や過去の判例から、従来、立候補の届出の受理に当たって、被選挙権のうち国籍要件及び年齢要件については、④の戸籍謄本又は抄本の添付の有無等により形式的に確認することができることから、明らかに国籍要件又は年齢要件を満たさない場合には当該届出書を受理すべきではないと解されている。

一方、住所要件については、このような形式的な確認手段がないことから、その充足に関し、疑義がある場合であっても、当該届出書に記載の住所に形式的な問題がなければ当該届出書を受理せざるを得ないものと解されてきたところである。

（2）平成31年統一地方選挙

平成31年統一地方選挙のうち、兵庫県議会議員選挙（伊丹市選挙区）（同年4月7日執行）や兵庫県播磨町議会議員選挙（同年4月21日執行）において、住所要件を満たしていないことを認識していた者が立候補し、開票の結果、当該候補者に対する投票、それぞれ2,992票、110票が無効となるという事案が発生した。その後、東京都足立区議会議員選挙（令和元年5月26日執行）や東京都日の出町議会議員選挙（同年8月25日執行）、東京都奥多摩町議会議員選挙（同年11月17日執行）においても同様の事案が発生し、令和元年の通常国会において以下のとおり質疑が行われている。

令和元年6月4日参議院内閣委員会議事録（抄）

●清水 貴之議員

　（略）こうやって居住実態が問題になるというのは様々ありましたけれども、今回のケース、これ違うなというふうに思うのは、今までは、本人は、立候補者は、いや、住んでいますよということを主張するわけですね。でも、いろんなところから指摘があって住んでいないじゃないかということを言われて、水道を確認したり電気を確認したりして、結局裁判になったりして争うというケースだったんですが、今回は、本人ももう住んでいないことは分かっているし、選管側もそのことを理解しているし、でも受理せざるを得なくて、結局投票したその有権者の方々の票が完全に死に票になってしまっているところは、私大変、有権者のやはり一票一票というのは大変大きなものですから、問題があるのではないかというふうに思っております。

　ちょっと説明が長くなりましたが、これについて総務省の見解をお聞かせいただけますでしょうか。

●政府参考人（大泉 淳一選挙部長）

　（略）立候補届出に関しまして、過去の判例、これは最高裁判例でございますけれども、選挙長、これは立候補届出を受理する人ですが、選挙長は形式的審査権は有するが実質的審査権はないものとみなされておりまして、立候補届出書に記載された住所に当該候補者が実際に居住しているか否かを選挙長としては審査できないこととされています。また、それに基づいて却下をすると、立候補を却下するというような規定もございません。

　一方で、被選挙権を実質的に有するか否かについては、これは公選法におきまして、開票に際し、開票管理者が開票立会人の意見を聞いて決定することとされておりまして、このときには、被選挙権のない者に、ない候補者に対する投票は無効とするというふうな規定がございます。

なお、このように、住所の有無の認定につきましては開票手続において決定するというふうになってはおるんですけれども、投票期間中に当該候補者に被選挙権がない旨を選挙管理機関又は選挙事務関係者が一般選挙人に対し公表することは、被選挙権を有していたと否とにかかわらず、選挙の自由、公正を害し選挙の規定に違反するという判例が高裁判例ではございますけれどもあるというような状況でございます。

　いずれにいたしましても、各選挙管理委員会におかれましては、あるいは選挙長、開票管理者におかれましては、公選法の関係規定や過去の判例等を踏まえて対処されたものと考えておるところでございます。

●清水 貴之議員

　ということは、もうこの今の制度というのは、もう全く問題がないというような認識ですか？

●政府参考人（大泉 淳一選挙部長）

　（略）今回の、住所要件を充足しないこと、したがって被選挙権を有しないことを認識しつつ立候補するような、これはイレギュラーな事例というふうに考えられますが、これについては法律の想定するところではなかったのではないかと考えております。

　その上で、このような事態への対処方法としてどのような方法があるのかということにつきましては、また考えてまいりたいと思っております。

（3）令和元年地方分権改革

① 令和元年地方分権改革に関する提案募集

　こうした事案が実際に生じた兵庫県及び兵庫県播磨町からは、

内閣府地方分権改革推進室による令和元年地方分権改革に関する提案募集において、以下の提案がなされた。

令和元年地方分権改革に関する提案募集（抄）

● 提案事項
　地方議会議員選挙の立候補届に必要な添付書類の見直し

● 求める措置の具体的内容
　立候補届出書に記載された住所を確認するための書類の添付が法令上義務付けられていないため、届出時において容易に住所が確認できるよう立候補届に必要な添付書類に住民票を義務付けること。
　虚偽による立候補届を行うことを抑止し、住所に疑義のある立候補届のうち少なくとも虚偽のものによって有権者の一票を無駄にしないため、立候補者に住所等の届出内容が真実で、住所要件を満たしている旨の宣誓書を提出させるとともに、選挙犯罪等による失権者と同様に虚偽の宣誓をした場合の罰則を定めるよう法改正すること。

---

② 令和元年の地方からの提案等に関する対応方針（令和元年12月23日閣議決定）

　上記提案を踏まえ、住所要件に関し、立候補の届出時の添付書類の見直し等必要な措置を講ずることとし、以下の対応方針が閣議決定され、これに基づき、総務省において法の改正案の具体的検討が行われることとなった。

　なお、地方から提案のあった「立候補届に必要な添付書類に住民票を義務付けること」については、地方公共団体の議会の議員の被選挙権に必要な住所要件は、あくまで居住実態の有無により

判断すべきものであり、「住所を移転させる目的で転出届がされ、住民基本台帳上転出の記録がされたとしても、実際に生活の本拠を移転していなかったときは、住所を移転したものと扱うことはできない」と解されており（平成 9 年 8 月25日最高裁判決）、単に住民票の有無のみをもって判断することはできず、また、立候補者に新たに負担を求めることについて慎重に考える必要があることから、今般の改正においては措置しないこととされた。

令和元年の地方からの提案等に関する対応方針（令和元年 12 月 23 日閣議決定）（抄）

6　義務付け・枠付けの見直し等
(5) 公職選挙法（昭 25 法 100）
（ⅲ）地方議会議員の選挙における候補者の立候補の届出（86 条の 4 第 4 項）については効率的な事務の実施に資するよう、9 条 2 項及び 3 項に規定する住所に係る要件に関し、立候補の届出時の添付書類の見直し等必要な措置を講ずる。

（4）国会審議の経過

　今回の法改正内容が盛り込まれた地域の自主性及び自立性を高めるための改革の推進を図るための関係法律の整備に関する法律（以下、「第十次地方分権一括法」という）案は、令和 2 年 3 月 3 日に国会に提出された。

　衆議院では、同年 5 月13日に地方創生に関する特別委員会に付託され、翌14日に提案理由説明を行った後、同月20日に質疑、採

決が行われ、全会一致で可決された。衆議院本会議では、同月22日に全会一致で可決されている。

　参議院では、同月26日に地方創生及び消費者問題に関する特別委員会に付託され、翌27日に趣旨説明を行った後、同月29日に質疑、採決が行われ、全会一致で可決された。参議院本会議においては、同年6月3日に全会一致で可決され、第十次地方分権一括法が成立した。

　なお、質疑では、地方議員の立候補における住民票添付の要否、住所要件自体の見直し等が審議された。

　この後、第十次地方分権一括法は令和2年6月10日に法律第41号をもって公布され、地方公共団体の議会の議員の選挙における立候補の届出書に添付する宣誓書の宣誓内容の改正に係る部分については、公布の日から起算して3月を経過した日（令和2年9月10日）から施行することとされた。

【参考】市議会議員選挙の立候補届出時の宣誓書の見直しイメージ

＜現行の宣誓書のイメージ＞

宣誓書

私は、「犯罪により被選挙権のない者の立候補の禁止」、「重複立候補の禁止」、「連座による立候補の禁止」の規定により、令和〇年〇月〇日執行の山川市議会議員選挙において候補者となることができない者でないことを誓います。

令和〇年〇月〇日

山川県山川市甲町一丁目二番三号

甲 山 花 子 ㊞

＜改正後の宣誓書のイメージ＞

宣誓書

私は、令和〇年〇月〇日執行の山川市議会議員選挙において、住所要件を満たすこと及び「犯罪により被選挙権のない者の立候補の禁止」、「重複立候補の禁止」、「連座による立候補の禁止」の規定により候補者となることができない者でないことを誓います。

令和〇年〇月〇日

山川県山川市甲町一丁目二番三号

甲 山 花 子 ㊞

出典「選挙時報 令和 2 年10月号」

140

第5章

町村の選挙における
公営の拡大等

■令和2年法律第45号（令和2年6月12日公布、令和2年12月12日施行）

町村の議会議員及び長の選挙における公営の拡大並びに町村の議会議員選挙におけるビラ頒布の解禁及び供託金制度の導入

[1] 改正の概要

1. 町村の議会議員選挙における供託金制度の導入

（1）供託（法第92条第1項）

> 第九十二条　第八十六条第一項から第三項まで若しくは第八項又は第八十六条の四第一項、第二項、第五項、第六項若しくは第八項の規定により公職の候補者の届出をしようとするものは、公職の候補者一人につき、次の各号の区分による金額又はこれに相当する額面の国債証書（その権利の帰属が社債、株式等の振替に関する法律（平成十三年法律第七十五号）の規定による振替口座簿の記載又は記録により定まるものとされるものを含む。以下この条において同じ。）を供託しなければならない。
> 　一～八　（略）
> 　九　町村の議会の議員の選挙　十五万円
> 　十　（略）
> 2・3　（略）

・町村の議会議員選挙について供託金制度が導入され、供託金額
は15万円とされた

　これまで町村の議会議員選挙において供託金制度は導入されて
いなかった。今回の改正では、町村の選挙における立候補にかか
る環境の改善のため、選挙公営が拡大されることに伴い、これまで
公営拡大と供託金が関連して議論されてきたことにかんがみ、町村
の議会議員選挙においても供託金制度が導入された。供託金の額
は公職の候補者1人につき15万円であり、この金額は町村長の供
託金が市長の供託金の半額であるところ、市議会の議員の供託金
が30万円であることを踏まえて定められたものである。

（2）供託物の没収（法第93条第1項）

第九十三条　第八十六条第一項から第三項まで若しくは第八項又は第
　八十六条の四第一項、第二項、第五項、第六項若しくは第八項の規
　定により届出のあつた公職の候補者の得票数が、その選挙において、
　次の各号の区分による数に達しないときは、前条第一項の供託物は、
　衆議院（小選挙区選出）議員又は参議院（選挙区選出）議員の選挙
　にあつては国庫に、地方公共団体の議会の議員又は長の選挙にあつ
　ては当該地方公共団体に帰属する。
　一・二　（略）
　三　地方公共団体の議会の議員の選挙　当該選挙区内の議員の定数
　　（選挙区がないときは、議員の定数）をもつて有効投票の総数を
　　除して得た数の十分の一
　四　地方公共団体の長の選挙　有効投票の総数の十分の一
　2　（略）

・供託物没収点は、市議会の議員選挙と同様の取扱いとされた

　町村の議員選挙に供託金制度を導入することに伴い、供託物没収点を市議会の議員選挙と同様に当該選挙区の議員定数（選挙区がないときは議員定数）をもって有効投票の総数を除して得た数の10分の1とされ、候補者の得票数が供託物没収点に達しないときは、供託物は当該町村に帰属することとされた。

■地方公共団体（都道府県、市および町村）の議会議員選挙の
　供託物没収点

$$\frac{\text{有効投票総数}}{\begin{array}{c}\text{当該選挙区の議員定数}\\\text{（選挙区がないときは議員定数）}\end{array}} \times 10\text{分の}1$$

2. 町村の議会議員選挙におけるビラ頒布の解禁（法第142条第1項第7号関係）

第百四十二条
　一〜六　（略）
　七　町村の選挙にあつては、長の選挙の場合には、候補者一人について、通常葉書　二千五百枚、当該選挙に関する事務を管理する選挙管理委員会に届け出た二種類以内のビラ　五千枚、議会の議員の選挙の場合には、候補者一人について、通常葉書　八百枚、当該選挙に関する事務を管理する選挙管理委員会に届け出た二種類以内のビラ　千六百枚

・**町村の議会議員選挙において選挙運動用ビラの頒布を解禁**

　改正前は、町村の選挙においては、町村長の選挙のみ、候補者1人につき町村の選挙管理委員会に届け出た2種類以内のビラ5,000枚を頒布することができることとされており、町村の議会議員選挙ではビラの配布は認められていなかった。

　今回の改正では町村の議会議員選挙の場合にも、候補者1人につき町村の選挙管理委員会に届け出た2種類以内のビラ1,600枚を頒布することができることとされた。

　なお、町村の議会議員選挙において頒布できるビラの種類、頒布方法、規格等は、以下のとおり市議会議員選挙と同様とすることとされている。

種　　　類：選挙管理委員会に届出た2種類以内のビラ

頒布方法：① 新聞折り込み、② 候補者の選挙事務所内 、③
　　　　　　個人演説会の会場内、④ 街頭演説の場所

規 格 等：長さ29.7cm×幅21cm（A4以内）
　　　　　　選挙管理委員会が交付する証紙を貼付

記載事項：表面に頒布責任者及び印刷者の氏名（法人にあっ
　　　　　　ては名称）及び住所を記載

3. 町村の議会議員及び長の選挙における選挙公営の拡大

（1）選挙運動用自動車の使用（法第141条第8項）

第百四十一条

1～5 （略）

6　第一項の自動車は、町村の議会の議員又は長の選挙以外の選挙にあつては政令で定める乗用の自動車に、町村の議会の議員又は長の選挙にあつては政令で定める乗用の自動車又は小型貨物自動車（道路運送車両法（昭和二十六年法律第百八十五号）第三条の規定に基づき定められた小型自動車に該当する貨物自動車をいう。）に限るものとする。

7　衆議院（小選挙区選出）議員又は参議院議員の選挙においては、公職の候補者は、政令で定めるところにより、政令で定める額の範囲内で、第一項の自動車を無料で使用することができる。ただし、衆議院（小選挙区選出）議員又は参議院（選挙区選出）議員の選挙にあつては当該公職の候補者に係る供託物が第九十三条第一項（同条第二項において準用する場合を含む。）の規定により国庫に帰属することとならない場合に、参議院（比例代表選出）議員の選挙にあつては当該公職の候補者たる参議院名簿登載者が当該参議院名簿登載者に係る参議院名簿届出政党等の第九十四条第三項第一号に掲げる数に相当する当選人となるべき順位までにある場合に限る。

8　地方公共団体の議会の議員又は長の選挙については、地方公共団体は、前項の規定（参議院比例代表選出議員の選挙に係る部分を除く。）に準じて、条例で定めるところにより、公職の候補者の第一項の自動車の使用について、無料とすることができる。

・町村の議会議員及び長の選挙において選挙運動用自動車の使用が選挙公営の対象に

　改正前は、公職の候補者の選挙運動用自動車の使用について、条例により無料とすることができる選挙は「都道府県及び市の議会議員及び長の選挙」のみだったが、今回の改正により町村の議会議員及び長の選挙においても条例で定めるところにより国政選挙に準じて無料とする（公営の対象とする）ことが認められた。

　なお、平成4年の改正において都道府県及び市の議会議員及び長の選挙に公営制度が導入された際に「条例で定めるところにより」制度を導入することができる任意制の公営制度とされたのは、当該団体における選挙の実態や財政の状況等を総合的に勘案して、地域の実情に応じ、自主的に判断して選択できるようにすることが適当と考えられたからとされている。また、法第141条第8項において「前項の規定に準じて」条例で定めると規定されている趣旨は、「前項の規定」（同条第7項）に「公職の候補者は、政令で定めるところにより、政令で定める額の範囲内で第1項の自動車を無料で使用することができる」と規定されていることからして、国政選挙における選挙運動用自動車の使用の公営について法律及びそれに基づく政令で定められている事項、すなわち、公営の対象者、公費負担の限度額、公費の交付手続等、選挙公営制度の基本的事項については、そこに規定されている内容に準じて、条例で定めるべきであるという趣旨であるとの考えが示されている。

（2）選挙運動用ビラの作成（法第142条第11項）

> 第百四十二条
>
> 1 ～ 10 （略）
>
> 11　地方公共団体の議会の議員又は長の選挙については、<u>地方公共団体</u>は、前項の規定（参議院比例代表選出議員の選挙に係る部分を除く。）に準じて、条例で定めるところにより、公職の候補者の第一項第三号から<u>第七号</u>までのビラの作成について、無料とすることができる。
>
> 12・13 （略）

・町村の議会議員及び長の選挙において選挙運動用ビラの作成が選挙公営の対象に

　改正前の公職選挙法では、公職の候補者の選挙運動用ビラの作成について、条例により無料とすることができる選挙は「都道府県及び市の議会議員及び長の選挙」のみだったが、今回の改正で町村の議会議員及び長の選挙においても条例で定めるところにより国政選挙に準じて無料とする（公営の対象とする）ことが認められた。

（3）選挙運動用ポスターの作成（法第143条第15項）

> 第百四十三条
>
> 1 ～ 14 （略）
>
> 15　地方公共団体の議会の議員又は長の選挙については、<u>地方公共団体</u>は、前項の規定（参議院比例代表選出議員の選挙に係る部分を除く。）に準じて、条例で定めるところにより、公職の候補者の第一項第四号の三の個人演説会告知用ポスター（都道府県知事の選挙の

場合に限る。）及び同項第五号のポスターの作成について、無料と
することができる。

16 〜 19（略）

・町村の議会議員及び長の選挙において選挙運動用ポスターの
作成が選挙公営の対象に

　改正前の公職選挙法では、公職の候補者の選挙運動用ポスター
の作成について、条例により無料とすることができる選挙は「都道
府県及び市の議会議員及び長の選挙」のみだったが、今回の改正
で町村の議会議員及び長の選挙においても条例で定めるところによ
り国政選挙に準じて無料とする（公営の対象とする）ことが認めら
れた。

[2] 背景、成立に至る経緯

1. 供託金制度導入の経緯

　供託金制度は、真に当選を争う意思のない候補者の乱立や売名
目的のための立候補などを防止するための目的で制度化されたもの
である。候補者の届出をしようとする者は候補者 1 人につき公職選
挙法で定められた金額又はこれに相当する額面の国債証書を供託
しなければならず、供託金は得票数が供託物没収点に達しないとき
は没収されることになっている。

なお、町村長の選挙には昭和37年から供託金制度が導入されているが、今回の改正まで町村の議会議員選挙には供託金制度が導入されていなかった。その理由については、町村長の選挙に供託金制度が設けられた際に、町村の議会議員選挙については候補者が乱立するなどの状況ではなかったということから、供託金制度が設けられなかった旨の答弁がなされている（平成17年3月11日参議院予算委員会における麻生総務大臣答弁）。

2. 地方選挙における選挙公営の拡大の経緯

　公職選挙法は金のかからない選挙を実現するとともに、候補者間の選挙運動の機会均等を図る手段として選挙公営制度を採用している。選挙公営とは国又は地方公共団体がその費用を負担して候補者の選挙運動の費用を負担する制度である。選挙公営には候補者の得票数に関わらず公営が行われるものと、候補者の得票数が一定数以上である場合に限り公営で行われるものとがある。なお、今回の改正により、新たに町村の選挙に導入されることとなったのは、いずれも後者である。

（1）都道府県及び市の選挙における選挙運動用自動車の使用及びポスターの作成

　国政選挙においては、昭和50年の公職選挙法改正（昭和50年法律第63号）により、選挙運動用自動車の使用、ビラの作成、及

びポスターの作成が選挙公営の対象とされた。

　平成 3 年には、各党の幹事長及び書記局長からなる政治改革協議会が設置され、金のかからない選挙に向けての方策として、国政選挙とともに地方選挙の選挙公営についても議論がなされた。この結果、共産党を除く各党で合意された内容について、平成 4 年に衆議院公職選挙法改正に関する調査特別委員長提出法案として取りまとめられて成立し、都道府県及び市の選挙における選挙運動用自動車の使用及びポスターの作成について条例で定めるところにより国政選挙に準じて選挙公営の対象とされた（平成 4 年法律第98号、平成 4 年12月16日施行）。

（2）都道府県知事及び市町村長の選挙におけるビラの頒布解禁

　平成19年に都道府県知事及び市町村長の選挙において、平成31年に都道府県及び市の議会議員選挙において、それぞれ選挙運動用ビラの頒布が解禁されるとともに、選挙公営の対象とされた。

　昭和50年に選挙運動ビラの作成が選挙公営の対象とされた国政選挙とは異なり、地方選挙においてはそれまで選挙運動のために頒布できる文書図画は通常葉書に限られており、選挙運動用ビラの頒布は認められていなかった。このような状況に対して、地方選挙においても政権公約（いわゆるローカル・マニフェスト）の頒布を解禁することを求める提言等が行われ、平成19年に都道府県知事及び市町村長の選挙において、国政選挙と同様に、候補者が選挙運動用ビラを頒布することを認める改正案が、衆議院政治倫理の

確立及び公職選挙法改正に関する特別委員長提出法案として取りまとめられ、2月21日に成立した（平成19年法律第3号、同年3月22日施行）。

　この改正により、都道府県知事及び市長の選挙においてはビラの作成について条例で定めるところにより国政選挙に準じて選挙公営の対象とされた（法第142条第11項）。なお、町村長の選挙においてはビラの頒布は解禁されたものの選挙公営の対象とされなかった。その理由は「町村の長の選挙については、ビラ頒布枚数が少ないために作成費用が少額であり、これを候補者の負担としても候補者間の選挙運動の機会均等の観点からは問題ないと考えたから」であるとされている。

（3）都道府県及び市の議会議員選挙におけるビラの頒布解禁

　全国都道府県議会議長会及び全国市議会議長会からの要望などの動きを経て、平成29年、都道府県及び市の議会議員選挙において、候補者が選挙運動用ビラを頒布することを認める公職選挙法改正案が、衆議院政治倫理の確立及び公職選挙法改正に関する特別委員長提出法案として取りまとめられ、平成29年6月14日に成立した（平成29年法律第66号、平成31年3月1日施行）。

　この改正でも同様に、都道府県及び市の議会議員選挙について条例で定めるところにより国政選挙に準じて選挙公営対象とされた。

3. 全国町村議会議長会及び全国町村会の要望

　町村の議会議員選挙における選挙運動用ビラの頒布解禁並びに町村の選挙における選挙運動用自動車の使用、選挙運動用ビラの作成及び選挙運動用ポスターの作成の公営対象化については、都道府県及び市の議会議員選挙において選挙運動用ビラの頒布が認められた平成29年以降、全国町村議会議長会から毎年要望が出されていた。

　そして全国町村議会議長会は、令和元年11月13日の町村議会議長全国大会において、「議会の機能強化及び多様な人材を確保するための環境整備に関する重点要望」を採択した。その中で、町村の議会議員選挙において供託金制度の導入を図るとともに、選挙運動用ビラの頒布を解禁し、選挙運動用自動車及びポスターとともに選挙公営の対象とすることについて要望している。

全国町村議会議長会「議会の機能強化及び多様な人材を確保するための環境整備に関する重点要望」（令和元年11月13日）（抄）

　9　選挙公営の拡大
　　多様な人材の議会参加を促すため、供託金制度の導入を図るとともに、町村も市と同様に選挙運動用の自動車及び選挙運動用のポスターについて、選挙公営の対象とすること。
　　また、町村も市と同様に選挙運動用のビラを頒布できるよう制度化するとともに選挙公営の対象とすること。

【要望趣旨】
　現在、市議会議員選挙においては、条例により、選挙運動用の自動

車及び選挙運動用のポスターが選挙公営の対象になっているが、町村議会議員選挙は、供託金制度がないことや一般的に選挙運動区域が狭く選挙運動期間も短い等の理由で選挙公営の対象となっていない。

　しかしながら、議員を志す多様な人材を幅広い層から確保することは市も町村も同様であること、また、近年の議員のなり手不足問題や町村合併で選挙運動区域が拡大した町村もあること等に鑑み、町村議会議員選挙においても、供託金制度の導入を図るとともに、市と同様、条例により、選挙運動用の自動車及び選挙運動用のポスターを選挙公営の対象とすべきである。

　また、市議会議員選挙と同様に選挙運動用のビラの頒布についても制度化し選挙公営の対象とすべきである。

　また、町村長の選挙について、既に選挙運動用ビラの頒布が認められていたものの、選挙運動用自動車の使用、ポスターの作成及びビラの作成は、選挙公営の対象となっていなかった。そこで、全国町村会は、令和元年11月27日の全国町村長大会において要望を採択し、その中に、町村長の選挙においてもこれらについて選挙公営の対象とすることが盛り込まれた。

全国町村会「全国町村長大会　要望」（令和元年 11 月 27 日）（抄）

23．公職選挙制度の改善（抄）
　３．選挙公営等について
　　市、町村の別により設定されている選挙運動用ビラ及びポスターの作成、自動車の使用については、市と同様に選挙公営の対象とすること。

4. 法律案の提出

　自由民主党は、第201回国会（常会）の令和 2 年 1 月30日の選挙制度調査会・総会において、全国町村議会議長会及び全国町村会から町村の議会議員及び長の選挙にかかる選挙公営の拡大及び町村の議会議員選挙における供託金制度の導入等についての要望を聴取し、同年 3 月31日の同総会において、町村の選挙における公営拡大及び供託金制度の導入等にかかる公職選挙法改正案を了承し、各党に賛同を呼びかけた。

　同年 5 月29日、自由民主党・無所属の会、立憲民主・国民・社保・無所属フォーラム、公明党及び日本維新の会・無所属の会の共同提案により、「公職選挙法の一部を改正する法律案」が衆議院に提出された。

　同年 6 月 1 日、衆議院政治倫理の確立及び公職選挙法改正に関する特別委員会において、改正法案の趣旨説明、質疑、討論及び採決が行われた結果、賛成多数で可決され、翌 6 月 2 日の衆議院本会議において可決された。日本共産党及び希望の党は、町村の議会議員選挙に供託金制度を導入すること等を理由として反対し、全会一致には至らなかった。

　参議院においては、同年 6 月 5 日に政治倫理の確立及び選挙制度に関する特別委員会に付託され、同日に改正法案の趣旨説明、質疑、討論及び採決が行われた。この結果、改正法案について賛成多数で可決され、同年 6 月 8 日の参議院本会議において可決、

成立した。

　この後、改正法は同月12日に令和 2 年法律第45号をもって公布され、同年12月12日から施行された。

第6章

Q & A 集

1. 政見放送における持込みビデオ方式の導入

Q1 各政見放送について、手話通訳や字幕の導入状況は、どうなっていますか？

A 政見放送は、昭和22年にラジオにより当時の参議院全国区選挙に初めて導入され、その後、昭和44年の法改正によりテレビによる政見放送が実施されるようになりました。

現在、選挙運動の手段として政見放送が認められている選挙は、衆議院議員選挙、参議院議員選挙及び都道府県知事選挙です。衆議院小選挙区選挙においては候補者届出政党が、衆議院及び参議院の比例代表選挙においては名簿届出政党等が、参議院選挙区選挙及び都道府県知事選挙においては候補者が主体となって実施されます。

テレビの政見放送では、耳が不自由な方などがその内容を理解できるように、手話通訳士の確保や字幕付与の技術的課題といった点に対応しつつ、順次手話通訳や字幕の導入が行われてきました。また、平成6年の衆議院議員選挙制度改正により、衆議院小選挙区選挙に持込みビデオ方式が導入されたことに伴い、ビデオを作成する候補者届出政党が手話通訳や字幕を付すことが可能となり、平成7年にスタジオ録画方式で行われる参議院比例代表選挙の政見放送に手話通訳を付すことができるようになりました。平成21年にはスタジオ録画方式で行われる全国11ブロックの衆議院比例代表選挙の政見放送に手話通訳を付すことができるようになり、平成23年からは都道府県知事選挙の政見放送でも可能となりました。なお、字幕につ

いては、平成25年から参議院比例代表選挙の政見放送におい
て、NHKにより付すことができるようになりました。

　しかし、参議院選挙区選挙の政見放送においては、従来、一
時に多数の候補者がスタジオ収録することになり、全国を通じ
て手話通訳や字幕を付すことは困難であったため、いずれも採
用されてきませんでしたが、今回の改正により、持込みビデオ
方式が採用されたことにより、当該方式を採用する候補者は手
話通訳や字幕を付すことが可能となり、また、スタジオ録画方
式の候補者についても、手話通訳士の確保が可能と見込まれる
ことから、手話通訳士を付すことができるようになりました。

Q2 なぜ候補者全員について持込みビデオ方式が認められない
のですか？

A　法第150条には、録音・録画した政見をそのまま放送しなけ
ればならないと規定されています。同時に、法第150条の2に
は、政見放送をするに当たって、候補者等は、その責任を自覚
し、他人の名誉を傷つけたり、善良な風俗を害したり、特定の
商品の広告宣伝をしたりして、政見放送としての品位を損なう
言動をしてはならないと規定されています。

　持込みビデオ方式は、スタジオ録画方式と比べて自由度が高
く、候補者が創意工夫を凝らして国民により効果的に政策を訴
えることができる反面、品位を欠くビデオが持込まれる懸念が
あり、もしそうなった場合に放送しない対応がとれるかなどの
問題が生じます。

　そこで、品位を損なうビデオを持込むことが考えにくい一定

の者に限って持込みを認めることとされ、具体的には、従来から持込みビデオ方式を採用し、品位を損なうことがなかった衆議院小選挙区選挙の候補者届出政党の実績に照らし、参議院選挙区選挙においても、候補者届出政党と同一の要件を満たす政党が確認団体又は推薦団体である場合について認められることとなりました。

すなわち、今回の改正により、所属国会議員5人以上又は直近の総選挙若しくは通常選挙での全国得票率が2％以上のいずれかの要件を満たす確認団体の所属候補者又は推薦団体の推薦候補者に限り、ビデオの持込みを認められることとなりました。

なお、令和元年の参議院議員通常選挙における選挙区選挙のNHKテレビでの政見放送について、ビデオを持込んだ候補者は123人、スタジオ録画をした候補者は86人でした。

Q3 確認団体、推薦団体とはどのようなものですか？

A 参議院議員通常選挙における確認団体とは、①比例代表選挙において候補者名簿を届け出た政党その他の政治団体又は②当該選挙において全国を通じて10人以上の所属候補者を有する政党その他の政治団体で、総務大臣に申請して、その確認書の交付を受けたものをいいます（法第201条の6）。

なお、確認団体制度は、参議院議員の再選挙又は補欠選挙においても、所属候補者数や申請先などを読み替えた上で準用されます（法第201条の7）。

　推薦団体とは、確認団体の所属候補者以外の候補者を推薦し又は支持する政党その他の政治団体で、都道府県の選挙管理委員会（参議院合同選挙区選挙については参議院合同選挙区選挙管理委員会）に申請して、その確認書の交付を受けたものをいいます。なお、申請に当たっては、当該候補者から推薦候補者とされることについての同意書を添えなければなりません（法第201条の4）。

Q4 持込みビデオ方式の費用は選挙公営の対象ですか？

A　法第150条第2項では、政令で定める額の範囲内で、政見放送の録音・録画を無料ですることができると定めており、持込みビデオ方式の費用は選挙公営の対象になります。

　ビデオ作成に関しては、持込むことができるビデオは1種類とされ、衆議院小選挙区選挙における公営限度額と同じく287万3,000円が限度額とされています（令和元年の参議院議員通常選挙）。作成費が限度額以下であった場合は作成費全額が、限度額を超える場合は限度額の範囲内で公営されます。

　なお、衆議院小選挙区選挙の政見放送は9分間であり、参議院選挙区選挙の政見放送は5分半であるところ、限度額が同額になっているのは、企画費、プロデュース費、編集費などが積算されていて、必ずしも放映時間が反映されるわけではないことや、政見放送に係る候補者の自由を広く認めようとしたことによるものと考えられます。

2. 参議院議員選挙制度の改正

Q1 改正の趣旨はどのようなものですか？

A 　今回の改正法案の発議者からは、法案の趣旨説明として、

①平成27年に成立した4県2合区を含む10増10減を行った改正法の附則第7条において、次回選挙までに選挙制度の抜本的な見直しについて引き続き検討を行い、必ず結論を得るものとする旨が規定されたところ、参議院改革協議会及びその下に設けられた選挙制度に関する専門委員会において鋭意協議が行われてきたが、なお意見の隔たりがある中で、通常選挙が翌年に迫っており、平成30年の通常国会中に法改正を行う必要性があること、

②参議院選挙区選出議員の選挙について、選挙区間における議員一人当たりの人口の較差の縮小を図るため、参議院選挙区選出議員の定数を増加して各選挙区において選挙すべき議員の数の是正を行うこと、

③参議院比例代表選出議員の選挙について、全国的な支持基盤を有するとは言えないが国政上有為な人材又は民意を媒介する政党がその役割を果たす上で必要な人材が当選しやすくなることを目的とし、現行の非拘束名簿を基本的に維持しつつ、候補者の一部について、優先的に当選人となる特定枠の制度を導入するとともに、参議院比例代表選出議員の定数を増加すること、

等が述べられています。

Q2 特定枠はどのような趣旨ですか。憲法に違反しないのですか?

A　参議院比例代表選出議員の選挙における特定枠とは、名簿登載者のうちの一部の者について、他の名簿登載者である候補者に優先して当選人とする制度やその下での優先的地位のことをいいます。

　特定枠について、今回の改正法案の発議者から、全国的な支持基盤を有するとは言えないが国政上有為な人材又は民意を媒介する政党がその役割を果たす上で必要な人材が当選しやすくなることを目的とするものと説明されています。また、自由民主党としては、地方の声を国政に反映してほしいというこの切実な声に配慮して、人口的に少数派ともいうべき条件不利地域の声を国政に届けるような活用方法を想定しているとの説明がありましたが、同時にこれ以外にも、各党でいろいろな創意工夫による利用方法はあると述べられています。

　なお、令和元年の通常選挙の参議院比例代表選出議員の選挙については、特定枠を設ける規定が憲法に違反するとの訴訟が提起されましたが、最高裁判所は、特定枠を採用した選挙制度は、政党等にあらかじめ候補者の氏名及び特定枠の候補者を定める場合にはその氏名等を記載した名簿を届出させた上、選挙人が名簿登載者又は政党等を選択して投票を行い、各政党等の得票数に基づきその当選人数を決定した上、各政党等の名簿に記載された特定枠の順位及び各候補者の得票数の多寡に応じて当選人を決定する選挙制度であるから、投票の結果すなわち選挙人の総意により当選人が決定される点において、選挙人が

候補者個人を直接選択して投票する方式と異なるところはないとして、憲法第43条第1項等の憲法の規定に違反するものではない旨判示しています（令和2年10月23日第二小法廷判決）。

Q3 特定枠は各政党とも必ず用いなければいけないのですか。また、何人まで特定枠の候補者とすることができますか？

A 特定枠を活用するか否かは、候補者名簿を届け出る政党その他の政治団体（参議院名簿届出政党等）の判断に委ねられています。

　また、特定枠を採用する場合、特定枠の候補者は一部とされているほか規制はありません。したがって、名簿登載者全員を特定枠の候補者にすることはできませんが、1人を除いて特定枠にすることは可能です。

　なお、令和元年の通常選挙の参議院選挙比例代表選出議員の選挙においては、候補者名簿を届け出た参議院名簿届出政党等が13ありましたが、うち3が特定枠を採用し、合計5人の特定枠の候補者中、4人が当選人となりました。

Q4 特定枠の候補者は、選挙公報や投票所の氏名掲示でどのように扱われますか？

A 特定枠を採用する参議院名簿届出政党等の選挙公報の掲載文では、特定枠の候補者（名簿登載者）は、その他の参議院名簿登載者の氏名等の記載、経歴及び写真と区分して、特定枠の候補者である旨を表示した上で、その氏名、経歴及び当選人と

なるべき順位を記載する等の規定が置かれています（法第167
条第2項後段）。

　また、投票所の氏名等の掲示では、特定枠の候補者（名簿登
載者）については、氏名とともに当選人となるべき順位の掲示
をすることとされており（法第175条第1項）、その他の参議
院名簿登載者の氏名と区分して、優先的に当選人となるべき候
補者である旨を表示した上で、順序は当該その他の参議院名簿
登載者の氏名の次に、掲載するものとされています（同条第5項）。
期日前投票所等においても同様です（同条第2項、第7項）。

　なお、令和元年の参議院議員通常選挙において、総務省から
示された投票所での掲示の記載例は、次ページのとおりです。

1　別紙〈記載例〉
投票所又は共通投票所内の投票の記載をする場所その他の適当な箇所における掲示について

令和何年何月何日執行　参議院比例代表選出議員選挙
参議院名簿届出政党等名称及び参議院名簿登載者氏名掲示

何市（区）（町）（村）選挙管理委員会

（ふりがな）参議院名簿届出政党等の名称	（ふりがな）略称	（ふりがな）参議院名簿登載者の氏名	
○○ ○○党	○ ○○	総務 一郎 優先的に当選人となるべき候補者	（氏名）（順位） 1 総務 二郎 2 総務 花子
			優先的に当選人となるべき候補者 （氏名）（順位）

（1）○参議院名簿届出政党等の名称等の掲示は、公職選挙法第七十五条第三項の規定によるくじで定めた順序に従い、上から行うものとすること。

（2）参議院名簿登載者（優先的に当選人となるべき候補者としてその氏名及び当選人となるべき順位が参議院名簿に記載されている者。以下「特定枠名簿登載者」という。）を除き、この者の氏名の掲載の順序は、公職選挙法第八十六条の三第一項後段の規定に従い、右から行うものとすること。特定枠名簿登載者の氏名の掲示については、同条第五項の規定に従い、当該特定枠名簿登載者以外の参議院名簿登載者の氏名の次に掲載すること。

（3）特定枠名簿登載者の氏名については、優先的に当選人となるべき候補者である旨を表示した上で、当該特定枠名簿登載者の氏名の次に掲載すること、「（順位）」及び「（氏名）」については、別途配布する参議院名簿届出政党等の氏名等の掲示についての留意点について通称認定を受けているものにあっては、当該通称を記載すること。

（4）「参議院名簿登載者の氏名」、「略称」及び「参議院名簿届出政党等の名称」の「（順位）」については横書きとすること。なお、使用する文字の大きさは、それぞれ同一とすること。また、参議院名簿届出政党等の名称と略称についても同一の大きさの文字を使用することが望ましいこと。

（5）各参議院名簿登載者の氏名の枠の縦幅は、全て同一とすること。

（6）各参議院名簿登載者の氏名の間隔は、全て同一とすること。

（7）略称のない参議院名簿届出政党等については、略称の欄は空欄とすること。

留意点

Q5 今回の改正により、選挙区選挙の議員１人当たり人口の選挙区間較差はどうなりましたか。選挙区間較差についての訴訟はどうなりましたか？

A 今回の改正により、参議院選挙区選出議員の選挙における議員一人当たりの人口の較差は、平成27年国勢調査の日本国民人口（※）によると、最大で１対2.98（福井県選挙区対宮城県選挙区）となりました。

166

　前回平成27年の法改正では、当時公表されていた平成22年国勢調査の人口により最大で1対2.97（福井県選挙区対埼玉県選挙区）となっていましたが、その後公表された平成27年国勢調査の日本国民人口では、1対3.07に（同）になっていたため、これが縮小されました。

　なお、令和元年の参議院議員通常選挙における当日有権者数による最大較差は、1対3.00（福井県選挙区対宮城県選挙区）でした。

　当該選挙について、全国45すべての選挙区において、較差を違憲とする選挙無効訴訟が提起されました。

　これに関し、令和2年11月18日に最高裁判所大法廷は、合憲と判示しました。判決では、今回の改正が立法府における取組が大きな進展を見せているとは言えないものの、合区の解消を強く望む意見も存在する中で合区を維持してわずかでも較差を是正し、平成27年改正の方向性を維持するよう配慮しており、また、参議院選挙制度の改革は漸進的にならざるを得ない面があることも踏まえれば、較差の是正を志向する姿勢が失われるに至ったと断ずることはできないとしています。

（※）平成28年の衆議院選挙制度改革関連法（平成28年法律第49号）において、各選挙区間の較差については、これまで用いられていた国勢調査における「総人口」を改め「日本国民人口」とするようになったことを踏まえて、参議院選挙区選出議員の選挙区間較差についても、今回の改正から日本国民人口を用いて算出されています。

Q6 参議院議員の定数が増加したことにより、経費はどのくらい増加しますか。また、これに対し、何か対応はとられているのですか？

A 　参議院事務局によると、新たに増える議員1人当たりの1年間に必要な経費は人件費と義務的経費を合わせて7,530万円余となり、6人分では年間4億5,100万円余となります。

　また、令和元年の参議院議員通常選挙後に向けた参議院議員会館の議員事務室3室の整備に係る費用は、1億8,700万円余とのことです。このほか、当該議員事務室の光熱水料も増加すると考えられます。

　一方、今回の改正法案については、平成30年7月11日に参議院政治倫理の確立及び選挙制度に関する特別委員会の採決後、附帯決議が賛成多数により付されており、その1項目として「参議院議員の定数の増加に伴い、参議院全体の経費が増大することのないよう、その節減について必要かつ十分な検討を行うこと」が盛り込まれました。こうした経緯もあり、参議院に係る経費の節減に資するため、令和元年6月に国会議員の歳費、旅費及び手当等に関する法律が改正され（令和元年法律第43号）、参議院議員が、歳費の一部に相当する額を国庫に返納することができるよう、当該返納については、令和元年8月から令和4年7月までの間において、公職選挙法の寄附禁止の規定が適用されないとともに、返納額は月額7万7,000円を目安とするものとされました。なお、令和元年8月から令和2年11月までの返納額は1億9,800万円と報道されています。

3. 投票環境向上方策による改正
[投票管理者及び投票立会人の選任要件の緩和]

Q1　投票管理者の選任要件を「選挙権を有する者」とする理由は何でしょうか？当該選挙に関わらない者が投票管理者になりうることになりますが、問題ないでしょうか？

A　投票管理者は投票所の最高責任者として投票に関する事務全般を担任する者であり、「当該選挙の選挙権を有する者」から選任されています。選挙の規定に違反することなく、円滑に投票事務を執行することが求められることから、実務上は市町村の職員を充てる団体もあります。

　一方、職住分離の進行による市外在住職員の増加、地方公務員の職員数の削減などを背景に特に市町村の選挙において適任者の確保に懸念が生じており、この状態が続くことにより結果的に投票所の統廃合につながってしまうことが指摘されています。市区、政令市、都道府県の各選挙管理委員会連合会からは「選挙権を有する者」に任命要件を緩和してほしいとの要望がなされており、地方分権改革提案としても同様の提案がなされています。

　この点、期日前投票においては、すでに投票管理者の選任要件が「選挙権を有する者」に緩和されており、その理由として投票管理者には投票の適正かつ公正な管理執行のため、投票事務に熟達していることが求められることや、そうした人材の確保の困難さなどが挙げられています。こうした事情は、昨今の状況にかんがみれば、当日投票所にも共通するものと考えられます。

以上のような投票管理者の確保を容易にする要請、地方からの要望、期日前投票の投票管理者の選任要件とのバランスにかんがみ、投票管理者の選任要件を「選挙権を有する者」に緩和することとし、これにより投票管理者の人材確保を容易にすることで、円滑な投票所の設置、ひいては投票所数の維持・確保につなげようとするものです。

なお今回の選任要件の緩和は、選任における選択肢を広げるものであり、選挙の管理執行に責任を有する市町村の選挙管理委員会によって、投票管理者の役割を果たしうる適任者が選任されることが期待されます。なお、期日前投票において、投票管理者の選任要件が緩和されたことに伴って管理執行上問題になった事例は、これまで報告されていません。

Q2 投票立会人の選任要件を「選挙権を有する者」とした理由はなんですか？ 投票区に居住していない者が立会人になっても問題ないのでしょうか？

A 改正前の公職選挙法の規定では、選挙期日当日、各投票所において2名以上の投票立会人を「各投票区における選挙人名簿に登録された者」から選任することとされています。これに関して、市町村の現場からは投票立会人の引き受け手の減少や人選の固定化、過疎化や高齢化に伴う人員確保の更なる困難化、ひいては投票所の統廃合が余儀なくされるとの懸念が指摘されています。

市区、政令市、都道府県の各選挙管理委員会連合会からは、

選任要件を「選挙権を有する者」等へと緩和してほしいとの要望があるほか、地方分権改革提案としても要件緩和の提案がなされています。

　投票立会人の役割については、社会情勢の変化による近隣住民との関係の希薄化や名簿対照システム等による本人確認の機械化などにより、「対面での選挙人確認」の側面は薄れ、「投票が自由かつ公正に行われているかどうかの監視」の役割が比重を増してきていると考えられます。

　また、平成15年に導入された期日前投票制度における投票立会人については、投票立会人の確保が困難な実情等を踏まえ、すでに「選挙権を有する者」に選任条件が緩和されています。

　こうした投票立会人の確保を容易にする要請、地方からの要望、投票立会人の役割の比重の変化、期日前投票の投票立会人の選任要件とのバランスにかんがみ、投票立会人の選任要件を「選挙権を有する者」に緩和することとし、これにより人材確保を容易にすることで、円滑な投票所の設置、ひいては投票所数の維持・確保につなげようとするものです。

　なお、今回の選任要件の緩和は、選任における選択肢を広げるものであり、選挙の管理執行に責任を有する市町村の選挙管理委員会によって、投票立会人の役割を果たしうる適任者が選ばれることが期待されています。

Q3 投票管理者や投票立会人の選任要件が緩和されたことにより、投票所の維持に効果があったのですか？

A 今回の改正内容が初めて実施された令和元年の参議院議員通常選挙において、総務省の調べによると、全国の投票所数は47,033か所で、前回平成28年の参議院議員通常選挙から872か所減少しており、減少数は横ばいでした。

　なお、令和2年からの新型コロナウィルス感染症の流行により、投票立会人の就任辞退等が避けられない事態となりましたが、選任要件が緩和されたことにより、投票立会人の確保に効果があったとの報告があります（長島広治「緊急事態宣言発令中における目黒区長選挙の執行について」(選挙時報 令和2年8月号)）。

[天災等の場合における開票区の分割]

Q4 開票事務に係る改正の背景と概要を教えてください。

A 選挙結果の早期確定の観点から、国政選挙では総務省が選挙期日当日の開票を助言しており、選挙管理委員会からも開票事務管理者の確保や各団体の通常業務への影響を理由に、関係者の安全確保に支障がなければ、当日開票を行いたいとの要請があります。

　とはいえ、悪天候や自然災害などにより当日開票ができない場合も想定され、例えば平成29年の衆議院議員選挙で、台風

の影響により離島の投票所から投票箱の送致ができず、この離島を含む団体全体の開票が投票翌日となった事例がありました。こうした事態を避けるため、今後は悪天候等で投票箱の送致ができなくなった離島などで、選挙期日当日に新たに開票区を設置し、本土と分割して開票を行うことも考えられます。しかし、改正前の公職選挙法では開票立会人を選挙期日3日前までに候補者等が届け出ることとされており、それ以降に開票立会人を選任するための手続や選任要件については整備されていませんでした。

　そこで今回の改正では、選挙期日前2日前以後に開票区（法第18条第2項の規定による分割開票区又は合同開票区）を新たに設ける場合について、開票立会人選任の手続と選任要件に関する規定が、それぞれ次のように整備されました。

・開票立会人の選任手続
　　新たに開票区を選挙期日2日前以降に設けた場合には、開票立会人を市町村の選挙管理委員会又は開票管理者が選任できる規定を追加。

・開票立会人の選任要件
　　分割開票区や合同開票区を設けた場合についても、当該開票区の区域の全部又は一部をその区域に含む市町村の選挙人名簿に登録された者の中から選任できるように規定を整備。

Q5 投票箱の送致ができないような場合に、急遽離島などの現地で開票を行おうとするときには、開票所の設置及び開票管理者、開票立会人の選任はどのように行うことになるのですか？

A 投票箱の送致ができないような場合に、急遽現地で開票を行おうとするときには、市町村の選挙管理委員会において当該開票区を設置する特別の事情が生じた旨を都道府県の選挙管理委員会に届け出ることが必要であり、届出を受けた都道府県の選挙管理委員会が当該開票区を設けるべき特別の事情があると認めた場合に限り、新たに開票区を設けることができます（法第18条第2項、令第10条の2）。

新たに開票区を設けた場合は、都道府県の選挙管理委員会において直ちにその旨を告示しなければなりません。

その上で、新たに設けられた開票区の開票管理者については、市町村の選挙管理委員会が選任することになります（法第61条）。また、その場合、開票管理者の氏名等を告示する必要があります（令第68条）。

当該開票区における開票立会人については、選挙期日2日前から選挙期日の前日までに当該開票区が設けられた場合には市町村の選挙管理委員会において、選挙の期日以後に設けられた場合には開票管理者において、それぞれ選任することとなります（法第62条第8項）。

なお、開票立会人は原則として候補者から届出があった者を充てることになっていますが、選挙の期日に近接して急遽開票所を設置する特別の事情がある場合には、離島で投票箱が送致できない場合などの緊急時が想定され、届出を受ける時間的余

裕もないことが見込まれるとともに特定の候補者のみから届出があったとすると、公平性の面から問題が生ずるおそれも出てくるため、市町村の選挙管理委員会又は開票管理者により選任することとされました。

Q6 Q5のように急遽離島などの現地で開票所を設けた場合には、先に（分割される前の開票区の開票所に対して）届出がなされていた開票立会人は、どうなるのですか？

A 急遽離島などの現地で開票所を設けた場合、すなわち開票区を選挙の期日2日前以降に分割した場合は、当該現地の開票所のみならず分割されてできたすべての開票区の開票所において、Q5のとおり、市町村の選挙管理委員会又は開票管理者が開票立会人を選任することになります。

しかし、このような場合にも、分割される前の開票区の開票所について各候補者等から開票立会人の届出がなされているのが通常です。この既に届出のあった開票立会人については、令第70条の4により、分割された開票区のうち選挙人名簿登録者数が最も多いものの開票立会人に選任されることとされています。

したがって、仮に急遽離島などの現地で開票所を設けた場合でも、従来の開票所では、既に届出のあった開票立会人がそのまま市町村の選挙管理委員会又は開票管理者から開票立会人として選任され、職務を行うことになります。

Q7 小規模な分割開票区で開票を行う場合、投票の秘密との関係で問題があるのではないでしょうか？

A 　一般的にみだりに開票区を増設することは、秘密投票の趣旨から好ましいことではなく、また、開票事務の公正かつ能率的な処理に支障をきたすおそれもあります。そのため、法第18条第2項の規定により、分割開票区を設けることができるのは都道府県の選挙管理委員会が特別の事情があると認めるときに限られています。

　この判断には、分割投票区を設ける緊急性や必要性とともに、投票の秘密との関係も十分考慮した上で行うことが求められるところであり、例えば、当該地域の投票傾向が明らかになる可能性があるなど投票の秘密の懸念が払拭されない場合には、都道府県の選挙管理委員会において分割開票区の設置を行わないという判断がなされることも想定できます。

　なお、分割開票区を設置した場合において、開票結果のホームページ等での公表にあたっては、開票区単位ではなく、市町村単位又は選挙区単位の得票状況を公表するなど、当該分割開票区の投票傾向が明らかにならないような工夫が求められることも考えられます。

［選挙公報の掲載文の電子データによる提出］

Q8 今回の法改正で選挙公報に関する見直しが行われた趣旨は
どのようなものですか？

A　選挙公報は、候補者等の政見等を選挙人に周知し、選挙人が
投票するにあたっての判断材料を提供するために発行される
ものです。令和元年の参議院議員通常選挙後に行われた（公
財）明るい選挙推進協会が行った有権者の意識調査において
は、選挙公報は、各種選挙運動媒体のうち、役に立ったとする
回答が最も高くなっています。

　さらに近年、多くの選挙人が期日前投票を行っている現状を
踏まえ、選挙公報の配布をより早く行うことができないかとの
指摘があるところです。

　今回の改正は、現在、候補者等から紙媒体で提出されている
選挙公報の掲載文について、電子データによる提出も可能と
し、その後の手続を当該電子データにより行うこととするもの
です。これによって、都道府県の選挙管理委員会が中央選挙管
理会から掲載文の写しを受け取るまでの期間の短縮や、印刷業
者での作業時間の短縮が見込まれるため、各世帯への配布を早
期化できるものと考えられます。

　また、電子データによる取扱いが可能になったことで、掲載
文の提出や印刷の過程で印刷原本を破損するリスクもなく、管
理が容易となるなど、候補者等・選挙管理委員会双方の負担軽
減になります。併せて中央選挙管理会と都道府県選挙管理委員
会の間も電子データでやりとりを行うため掲載文の写しの交

付のための上京が不要になるなど、事務の合理化も図られるほか、都道府県の選挙管理委員会のホームページへの掲載もより迅速に行えるようになると見込まれます。

　さらに、選挙公報の掲載文をテキストデータを含む形式で提出することで、音声読み上げソフトにも対応できる形でホームページに掲載できるようになると考えられます。

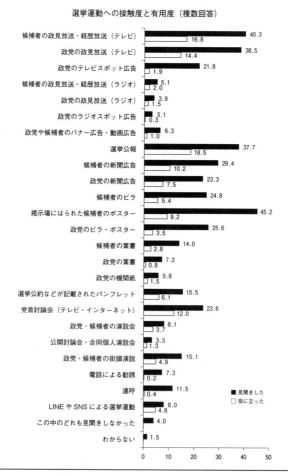

選挙運動への接触度と有用度（複数回答）

第25回参議院議員通常選挙（令和元年）の意識調査（明るい選挙推進協会）
出典「選挙時報　令和2年7月号」

Q9 各候補者等は、今後どのようにして選挙公報の掲載文を提出するのですか？

A　候補者や名簿届出政党等は、選挙公報の電子データを記録媒体に保存し、提出先となる中央選挙管理会又は選挙管理委員会へ提出することとなります。

　　具体的な提出方法は中央選挙管理会や選挙管理委員会が定めることになりますが、中央選挙管理会に提出される衆議院・参議院比例代表選挙については、一定の統一規格によりCD-ROM等に保存し、提出されることと想定されています。

　　なお、手書きで選挙公報の掲載文を作成している候補者等もいることを踏まえ、紙媒体による提出方法も引き続き可能とされます。

Q10　選挙公報について、各世帯への配布や選挙管理委員会のホームページの掲載の時期は、今回の改正により、早まったのですか？

A　選挙公報の発行手続について、一概にいうことはできませんが、国政選挙について一般的にいうと、比例代表選挙の選挙公報につき、中央選挙管理会から都道府県の選挙管理委員会に掲載文の写しを送付する期間の短縮などが見込まれます。

　　今回の改正内容が初めて実施された令和元年の参議院議員通常選挙において、各都道府県選挙管理員会が選挙公報をホームページに掲載するまでに要した日数の平均は、比例代表選挙

で3.53日、選挙区選挙で2.94日でした。その前回平成28年の参議院議員通常選挙時の比例代表選挙6.06日、選挙区選挙5.15日に比べて掲載が格段に速くなっており、有権者に対し早期に候補者の情報を伝える面から有効であったということがいえます。

　他方、選挙公報の各世帯への配布については、令和元年の参議院議員通常選挙において、選挙公報を各世帯に配布し終わるまでに要した日数の平均は、比例代表選挙で10.81日、選挙区選挙で11.19日と、その前回平成28年の参議院議員通常選挙時の比例代表選挙9.55日、選挙区選挙9.96日よりも、日数がかかったとの結果が出ています。令和元年の参議院議員通常選挙は、選挙公報の掲載文の電子データによる提出が初めて実施されたこともあり、トラブルの懸念などを踏まえて選挙公報の配布までの日程が組まれていた場合もあるでしょうが、工程の見直しなどを行うことにより有権者に対し早期に候補者の情報を伝えるための工夫・改善が今後の課題となっているといえるでしょう。

（※）日数は総務省資料等により算出。

Q11　選挙公報の発行が任意となっている選挙において、選挙公報の掲載文を電子データで提出できるのですか？

A　国政選挙及び都道府県知事の選挙では選挙公報の発行が義務付けられていますが、都道府県の議会議員選挙及び市町村の選挙では、国政選挙等の規定に準じて条例を定めることにより選挙公報を発行することができます（法第172条の2）。

選挙公報の掲載文を電子データで提出することについても条例を定めることにより可能です。

4. 地方議会議員選挙の立候補届に関する見直し

Q1 今回、地方議会議員の選挙の立候補届に関する見直しが行われた趣旨はなんですか？

A　地方議会議員については、日本国民であって、年齢満25年以上、かつ住所要件 (引き続き3か月以上市町村の区域内に住所を有すること等) を満たす者が被選挙権を有することとされています。

　しかしながら、平成31年4月の兵庫県議会議員選挙や播磨町議会議員選挙等において、住所要件を満たさない者が当選を得られないことを承知の上で立候補する事案が頻発し、選挙事務の非効率と選挙人の混乱を招いています。

　これらの事案を受け、地方公共団体からは、令和元年の地方分権改革に関する提案募集において立候補の届出時において容易に住所要件が確認できるよう、当該届出に必要な添付書類の見直し等を求める提案がなされていました。

　今回の改正は、こうしたイレギュラーな立候補を抑止し、選挙事務の適正化や選挙人の混乱の回避を図るため、地方議会議員の選挙に係る立候補の届出書に添付する宣誓書の宣誓内容に住所要件を満たす旨(当該選挙の期日において住所要件を満たす者であると見込まれること) を追加したものです。

Q2 改正前、立候補届出の受理の時点で選挙長が住所要件を審査できなかったのはなぜですか？

A 公職選挙法の解釈に係る過去の判例において、立候補届出については、選挙長は形式的審査権は有するが実質的審査権はないものと解されており、立候補届出書に記載された住所に当該候補者が実際に居住しているか否かを選挙長は審査できないこととされています。

＜参考＞昭35.11.22仙台高裁判決（抄）

　また、かりに、選挙長が届出受理に際し立候補資格や立候補制限違反の有無について実質的に審査する権限と義務があるものとすると、今日のような複雑な社会生活のもとにおいて選挙長が右審査を短期間に誤りなく行うことは必ずしも容易ではなく、ひとたびこの判断を誤って届出を受理しなかったときは選挙の無効を来たすことは必至であり、更にはまた右権限が立候補妨害ないし選挙干渉の手段とされる危険もなくはない。もとより選挙長に右のような権限と義務を与えればあらかじめ判りきつた無効投票の出ることが阻止されることにより選挙手続の無駄が省けるとともに選挙民の意思がより適正に選挙結果に反映するという長所のあることは否定できない。しかしながら得票が無効となることが判っているのに立候補するような者は、よしあるにしても少ないものとみなければならず、したがつて右のような長所が発揮される場合はさほど多くはないと思われるから、右長所は一般的普遍的に存在を予想される前叙の重大な弊害を償うには足りないものと考えられる。

　以上の諸点を併せ考えてみると選挙長は立候補の届出を受け付けるに際しては候補者となるべき者の被選挙権の有無を実質的に審査する権限もなければ義務もなく、かりにその者に被選挙権のないことが判明していてもその届出を受理しなければならないものと解するを相当とする。

　一方で、被選挙権を実質的に有するか否かについては、開票に際し、開票管理者が開票立会人の意見を聴いて決定することとされており、被選挙権のない候補者に対する投票は無効とすることとされています。

Q3 立候補申請書に住民票を添付させることによって、住所要件を確認できるのではないですか？

A　地方議会の議員の被選挙権に必要な住所要件は、あくまでも居住実態の有無により判断すべきものであり、単に住民票の有無のみをもって判断することはできません。

　たしかに住民票は住所を公証する文書であり、住民票のあるところに住所を有することが通常であると考えられるものの、住民基本台帳法に基づく届出がなされない場合など、住民票と居住実態が異なるような事例も想定されないわけではありません。したがって、被選挙権の有無の確認にあたっては、住民票のみに依拠するのではなく、居住実態に基づく判断が求められます。

Q4 住所要件に関する宣誓により、住所要件を満たさない者の立候補はどのように抑止されるのですか？

A　今回の改正により、住所要件を満たす旨の宣誓書が添付されていない届出書は、形式的な法令上の要件を欠くため受理されなくなります。また、仮に宣誓書において虚偽の誓いをした場

合は、立候補に関する虚偽宣誓罪（法第238条の２）の規定が適用されることにより、住所要件を満たさないとの自覚がある者の立候補が抑止されることになるものです。

なお、虚偽宣誓罪については、30万円以下の罰金が課されますが、同罪に処せられた者は原則として５年間、公民権（選挙権及び被選挙権）が停止される（法第252条）ため、十分な抑止効果が期待できるものと考えられます。

Q5 仮に立候補届出受理後に住所要件を満たさないことが判明した場合には、選挙管理委員会から周知されたりするのでしょうか？

A 過去の判例では、住所要件の充足については開票手続において判断することとされているため、選挙期間中に特定の候補者に被選挙権がない旨を選挙管理機関又は選挙事務関係者が一般選挙人に対して公表することは選挙の自由公正を害し、選挙の規定に違反すると解されています。

＜参考＞昭26.11.30 福岡高裁判決（抄）

○ 選挙管理機関又は選挙事務関係者が、選挙期日前に特定の候補者に被選挙権がない旨を一般選挙人に公表することは、その候補者の選挙運動を著しく妨害する結果を招き選挙の自由公正を害するから、当該候補者が実際に被選挙権を有していたと否とにかかわらず、選挙の管理執行に関する規定に違反する。

○ 原告の補充選挙人名簿登録拒否に対する異議申立が村選管に却下されたからといって、直ちに原告に被選挙権がないものとして原告の氏名を記載した投票は無効である旨を選挙長から管下の選挙管理機関に通達したことは妥当を欠く嫌いがないわけでもない

が、一般選挙人に公表するためになされたものではなく、内部関係において原告に対する投票の取扱を指示したものであるから、選挙の自由公正を害するものとは認められない。

したがって、立候補届出受理後、選挙期間中に選挙管理委員会等が住所要件の充足について判断して立候補届出の却下等を行うことはできませんが、今回の改正により、住所要件を満たす旨の宣誓書の添付のない立候補は受理されないこと、住所要件を満たさない旨の自覚がある者で宣誓書を添付したならば罰則の対象となること、などから立候補は抑止されると考えられます。

Q6 本人が住所を有すると真に考えていたにも拘わらず、客観的な住所の認定が異なっていた場合にも、虚偽宣誓罪は適用されるのでしょうか？

A　犯罪の成否は個別事案に即して判断されるべきものであり、あくまで一般論ではあるものの、虚偽宣誓罪の成立には、行為者において行為の当時、故意すなわち宣誓内容が真実に符合しない誓いであることを認識していたことを必要とするものと考えられ、この認識がない場合には同罪は成立しないものと考えられます。

＜参考＞昭29.4.28 広島高裁判決（抄）

　公職選挙法第二三五条第二号所定の虚偽事項の公表罪は、過失の場合をも罰すべき法意の見るべきものはなく、又公表事項の虚偽性は同罪の構成要件の内容を為しているものであるから、同罪の成立

には一般の犯罪と同じく犯人に故意即ち犯人において行為当時当該公表事項が虚偽の事項であることを認識していたことを要する……たとえ本件ビラの内容は客観的には虚偽のものであるといい得るとしても、被告人等には本件犯意はなかつたものといわなければならない。

　なお、同罪については、必ずしも常に悪質なものとは言えないことから、親告罪（当該選挙に関する事務を管理する選挙管理委員会の告発があって初めて問われるもの）とされています。

5. 町村の選挙における公営の拡大等

Q1　町村の議会議員の選挙運動用ビラについて、頒布の上限枚数はなぜ1,600枚とされたのでしょうか？

A　都道府県及び市の議会議員の選挙におけるビラの頒布の上限枚数は、いずれも選挙運動に用いることができる通常葉書の上限の2倍となっていることを踏まえ、町村の議会議員選挙においても、頒布可能な通常葉書の枚数（800枚）の2倍である1,600枚がビラの頒布の上限枚数とされました。

<参考>地方議会議員の選挙におけるビラの頒布の上限枚数
・都道府県議会議員：16,000枚（通常葉書　8,000枚）
・指定都市議会議員：　8,000枚（通常葉書　4,000枚）
・指定都市以外の市議会議員：4,000枚（通常葉書　2,000枚）

Q2 町村の議会議員選挙に供託金制度が導入されたのはなぜですか？

A 　今回、立候補に係る環境の改善の観点から公営対象を拡大し、市と同様にすることに伴い、真摯に当選を争う意思のない者の立候補を防止する観点から設けられている供託金についても、市の議会議員選挙と平仄を合わせて、導入することとされました。

　なお、供託金制度と選挙公営制度は、それぞれの趣旨に基づいて作られた制度ではありますが、これまでも両者が関連付けられて議論されてきた経緯があります。

Q3 町村の議会議員選挙の供託金はなぜ15万円とされたのでしょうか？

A 　供託金の額の設定に当たっては、真摯に当選を争う意思がない立候補を防止するという供託金導入の趣旨を踏まえ、他の地方議会議員の選挙における供託金額とのバランスや、町村議会議員の報酬額の水準なども勘案し、設定されました。

<参考>

(1) 他の地方議会議員の供託金額とのバランスの観点
　① 市長と町村長の供託金を比べると、市長100万円、町村長50万円で町村長は市長の半額となっている。市議会議員が30万円であるので、町村議会議員はその半額＝15万円となる。

　② 市長と市議会議員の供託金を比べると市長が100万円、市議会

議員が30万円で市議会議員は市長の3割となっている。町村長の供託金は50万円なので、町村議会議員はそのおよそ3分の1の15万円となる。

(2) 町村議会の議員報酬の観点

　議員の平均報酬月額と供託金額を比べると、市議会議員の報酬月額41万円、供託金が30万円で、約4分の3である。町村議会議員の報酬月額が22万円であるので、供託金はその約4分の3＝16万5,000円、概ね15万円となる。

Q4 町村議会議員のなり手不足が問題になっている中で、供託金制度の導入により、議会への多様な人材の参加を阻害することになるのではないでしょうか？

A 　国民の参政権の一環である被選挙権の行使について、立候補のための環境を整備することは重要であり、今回の法改正では選挙公営の対象拡大と町村の議会議員選挙における供託金制度の導入が同時に行われました。

　選挙公営の対象拡大により、候補者の選挙運動費用の負担が軽減され、これまで以上に自らの政策を訴えやすくなりました。このため、真摯に当選を争い、自らの政策を訴える候補者にとっては、立候補しやすい環境が整えられることとなると考えられます。また、真摯に当選を争う候補者にとっては、供託物没収点は高くないものと考えられます。これらを踏まえると、今回の法改正は全体として公営による公費負担の増大を抑えつつ、立候補しやすい環境を整えることになっていると考えられます。

Q5 公営対象とするには市町村において条例を定めることとされましたが、都道府県及び市における公営条例の制定状況はどうなっているのでしょうか？

A 　総務省の調査によると令和元年12月31日現在における選挙公営条例については、都道府県においては知事選挙、議会議員選挙とも、全47団体が制定しています。市区815団体は以下のようになっています。

（市区長の選挙）

・選挙運動用自動車の使用に係るもの：742団体

・選挙運動用ビラの作成に係るもの：686団体

・選挙運動用ポスターの作成に係るもの：757団体

（市区議会議員の選挙）

・選挙運動用自動車の使用に係るもの：743団体

・選挙運動用ビラの作成に係るもの：650団体

・選挙運動用ポスターの作成に係るもの：757団体

Q6 町村の選挙における条例による選挙公営の拡大に伴い、町村においてどの程度の財政上の負担が生じるのでしょうか？

A 　条例による選挙公営に係る経費については、各候補者が契約の相手方に支払うべき金額のうち、条例で定めた1人あたりの選挙公営上限額までは、地方公共団体が負担することになります。今回の法改正により町村が負担する経費の具体的な金額については、法令上の公営上限額や過去の選挙実績の数値を参考

に試算すれば、候補者1人あたり40万円前後となると考えられます。また、今回の法改正により全国の町村が負担する経費の合計金額については、候補者1人あたりの試算額や過去の選挙実績の数値を参考に試算するならば、4年間で約56億円と見込まれています。

改正公職選挙法の手引〈令和3年版〉

無 断 禁 転 　　　　　　　　　　令和3年5月28日発行

編　集／株式会社 国政情報センター
発行人／中 島 孝 司
発　行／株式会社 国政情報センター
〒150-0044 東京都渋谷区円山町5−4道玄坂ビル
電　話　03−3476−4111
ＦＡＸ　03−3476−4842
振替口座　00150−1−24932

定　価　2,750円（本体2,500＋税10%）　乱丁・落丁本はお取替えいたします。
ISBN978-4-87760-323-6 C3031 ￥2500E